DILO EN VOZ ALTA Y NOS REÍMOS TODOS

FERNANDO
J. LÓPEZ

DILO EN VOZ ALTA Y NOS REÍMOS TODOS

MANUAL
(gamberro)
DE SUPERVIVENCIA
EN SECUNDARIA

mr

Ediciones Martínez Roca es un sello de Editorial Planeta, S. A.

Avenida Diagonal 662-664

08034 Barcelona (España)

www.planetadelibros.com

Primera edición: septiembre, 2016

Sexta edición: enero, 2020

Diseño de cubierta: Departamento de Arte & Diseño. Área Editorial Grupo Planeta

Ilustraciones de cubierta e interior: © Albert Monteys

Diseño de interior: María Jesús Gutiérrez

Preimpresión: Safekat, S. L.

ISBN: 978-84-270-4292-6

Depósito legal: B. 15.073-2016

Impreso en España / *Printed in Spain*

Impresión: Book Print Digital

El papel utilizado para la impresión de este libro está calificado como **papel ecológico** y procede de bosques gestionados de manera **sostenible**.

A mis alumnos y compañeros,
de quienes tanto he aprendido
—y con quienes tanto me he reído— en estos años.

Y a todos los que seguimos creyendo
que las tizas pueden cambiar el mundo.

TEMARIO DEL CURSO

ADVERTENCIA INICIAL

Esta NO es una obra de ficción.

Los acontecimientos, personajes, situaciones sonrojantes y hasta exámenes que aparecen en ella no son producto de la calenturienta imaginación del autor (y ya nos gustaría, ya).

Así pues, debido al alto grado de realismo hormonal, claustral y adolescente de estas páginas, nos vemos obligados a advertirles de que su contenido puede llegar a herir la sensibilidad del lector (si es que al lector le queda alguna todavía).

Por supuesto, cualquier parecido con personal docente, aulas de la ESO, pasillos de institutos, estudiantes, salas de profesores o padres de alumnos no es pura coincidencia.

PARTE I

ANTES DE QUE SUENE EL TIMBRE

1.
SI ESTO FUERA UNA PELÍCULA DE INSTITUTO...

Si esto fuera una película de instituto, la primera escena nos situaría en un lugar feo, deprimente e inhóspito donde se oirían disparos, sirenas, más disparos y más sirenas. Después de mostrarnos semejante horror, un antro con agujeros de bala donde no querríamos pasar ni cinco minutos, atravesaríamos la puerta de entrada y nos encontraríamos con que, por lo que allí se cuenta, solo existe una sola clase. Todo el instituto estaría resumido en veinte o treinta chavales de otras veinte o treinta nacionalidades que, por la cantidad de cosas y tragedias que les suceden, parece —eso sí— que fueran doscientos.

Si esto fuera una película de instituto, ese centro estaría compuesto por muchos pasillos, un gimnasio, una cafetería y un aula. El pasillo sería ese lugar donde los adolescentes se magrean, beben, cierran su taquilla de una patada o de un puñetazo (este plano les encanta) y, si el director se pone en plan social, unos cuantos estudiantes macarras linchan a algún alumno para denunciar muy sutilmente cuestiones como el *bullying*. En el gimnasio, claro, habría una enorme cancha de baloncesto llena de animadoras con pompones practicando coreografías imposibles y unos cuantos atletas entrenando (sí, porque la igualdad se ve que aún no ha llegado al cine de instituto) y en la cafetería, para no perder el toque sexista, ellas se sentarían en corro ejerciendo de chicas malas y criticando al resto mientras ellos hablan de ellas o, sencillamente, no hablan y se limitan a mirarlas.

Si esto fuera una película de instituto, el grupo de alumnos protagonistas sería muy conflictivo y, a ser posible, estaría bien cargadito de tragedias familiares de dimensiones shakespearianas que darían lugar a otras tantas situaciones de violencia extrema donde nadie, salvo el educador perfecto, podría intervenir. Y, claro, ese educador perfecto... ¡existiría! El docente ideal llegaría derrotado de una vida anterior (cualquier drama nos sirve para el prólogo: puede estar hundido y acomplejado porque le dejó su pareja, porque se suicidó su mejor amigo, porque se le fugó el perro o porque tiene una oreja más grande que otra), pero al fin encontraría en el aula su verdadera vocación (palabra de la que habrá que hablar más adelante) y destinaría su vida a salvar, en un solo curso, a todos esos chavales que pasarían de odiarlo a adorarlo en nueve meses donde a todos les cambiaría la vida. Aplausos, ovaciones, flores, agradecimientos cargados de lágrimas o hasta un ejército de adolescentes subidos a una mesa como en *El club de los poetas muertos*, todo es posible como desenlace catártico tras semejante prodigio educativo.

Si esto fuese una película de instituto, la vida sería terrible durante ochenta minutos y perfecta durante los quince o veinte minutos finales. Habría mucho sexo en los baños del centro, tanto en los servicios de los alumnos como en los de profesores, y la biografía erótica de unos y otros daría para una serie tan inverosímil como *Física o Química*. Cada clase tendría un atleta vigoréxico, un friky informático, un gay gracioso, una intelectual incomprendida, una romántica tímida, una líder en potencia, un macarra con buen corazón, un macarra a secas (que si no hay malo en condiciones, el rollo shakespeariano no funciona) y una animadora cruel que acabaría encontrando la bondad en su *fashionista* corazón. Ninguno de ellos tendría otra faceta en su vida aparte de la descrita, de manera que no serían personas, sino etiquetas, hasta que el profesor perfecto viese en ellos su talento oculto y los convirtiera a todos en genios de futuros rutilantes y esperanzadores... Por supuesto, acabarían siendo grandes amigos entre sí más allá de sus diferencias y en la escena final lo celebrarían cantando a diestro y siniestro en plan *Glee* o prometiéndose amistad eterna como los de *Grease* (una de esas películas que, confesémoslo, todos hemos visto un número indecente de veces).

Pero no. La vida en las aulas no se parece en nada a las películas de instituto, que más que al cine social pertenecen al género de la ciencia ficción. Porque los conflictos no estallan todos a la vez, ni se resuelven felizmente al final de cada curso, ni la realidad es siempre épica y los problemas tan identificables y obvios. Todo es más cotidiano, más invisible y, por supuesto, más difícil, porque el *bullying* no es una escena de linchamiento en un patio, sino una mirada de desprecio, un mal gesto, un insulto entre dientes o un comentario en Instagram... Todo es más complejo y, también, más apasionante para quienes amamos esto de la educación: por eso hay tanto enamorado de la tiza aunque, a fecha de hoy y con los palos que nos llevamos con solo decir que somos profes, semejante pasión resulte incomprensible.

Profesionales que seguimos convencidos de que la educación puede cambiar las cosas y que nos negamos a que los obstáculos del día a día nos desanimen. La clave de semejante adicción es digna de estudio, pues el sistema se encarga de torpedear cualquier posible pasión docente con un sinfín de trabas, además de las que habrán de soportar los alumnos para culminar con éxito su etapa de la ESO y Bachillerato. Todo un hallazgo educativo que consigue cabrear por igual a docentes, alumnos y padres y del que unos y otros acabamos convirtiéndonos en auténticos supervivientes. Deberíamos hacer camisetas con «Yo sobreviví a la ESO» o, por lo menos, unas cuantas chapitas para repartir entre todos los miembros de la comunidad educativa.

El cómo de esa supervivencia es difícil de explicar. A no ser que esos locos que creen que la educación puede mover el mundo lleven razón y la tiza sí que tenga algún tipo de superpoder, por pequeño que sea. A falta de un profesor Keating que nos salve a todos y nos haga subirnos a una mesa, tendremos que creer que las supertizas también existen. O casi.

2. EN EDUCACIÓN TODOS SOMOS EXPERTOS

Si hay una profesión opinable, es la docencia. Nadie saca en una charla con amigos, entre cañas, cómo cree que deberían trabajar los electricistas. Ni los ingenieros de caminos. Ni los endocrinos. Pero todo el mundo sabe perfectamente cómo deberíamos trabajar los profesores. Cualquiera nos puede enseñar, en apenas unos segundos, el camino hacia la educación perfecta y poner de relieve todo lo que hacemos mal para mostrarnos el buen camino.

Por supuesto, ninguno de los que te aconsejan tiene la más remota idea de lo que habla ni ha entrado, desde sus tiempos del BUP, en un instituto, pero se sienta contigo y te calienta la cabeza con recetas mágicas que ha leído en algún post de Facebook, en algún manual de pseudoautoayuda o en algún artículo escrito, a su vez, por otro periodista que también pontifica sobre educación sin experiencia ni investigación alguna.

Tú intentas aplicar tu paciencia docente, que mira que la tienes entrenada, pero te das cuenta enseguida de que prefieres mil veces a tus treinta adolescentes por aula (o más de treinta, si han tenido a bien recortar el claustro en tu instituto) antes que soportar a esa caterva de adultos que, desde un insufrible buenrollismo, te explican cómo debes dar tus clases para que la utopía educativa se haga real. Por supuesto, en cuanto comienza la conversación aparece la palabra de moda:

FINLANDIA

Todo el mundo te pone la cabeza como un bombo con lo estupenda que es la educación en Finlandia, como si hubieran estado viviendo en Helsinki diez años cuando lo único que han visto, con mucha suerte, es algún que otro vídeo de dos minutos de YouTube. Intentar razonar con ellos y explicarles que a lo mejor —solo a lo mejor— la realidad socioeconómica y demográfica de Finlandia no es, digamos, idéntica a la de España acaba siendo una absoluta pérdida de tiempo, así que asistes a la descripción de ese Paraíso escolar finlandés donde todo es perfecto, maravilloso y mágico. Algo así como Nunca Jamás, pero en versión Secundaria.

Entre las opiniones que te dan tus amigos, tus conocidos y, cómo no, también los padres de tus alumnos, están los que te acusan de ser demasiado duro y creen que deberías exigir menos. Los que te acusan de ser demasiado blando y creen que deberías exigir más. Los que te acusan, a secas, porque no saben ni cómo eres ni lo que exiges, pero de entrada, todo lo que hagas les parece fatal. Los que quieren más medios digitales, los que odian los medios digitales, los que quieren medios digitales pero poco, los que quieren medios digitales pero mucho, los que quieren que los alumnos participen, los que quieren que no participen nunca, los que creen que antes se hacía todo mucho mejor, los que creen que antes se hacía todo mucho peor, los que no creen nada porque no se acuerdan de cómo se hacía antes pero les parece que ahora, desde luego, se hace de pena... El festival de opiniones no tiene fin y, sobre todo, es un tema de conversación muy jugoso y que viene muy bien como relleno social en cierto tipo de situaciones.

A veces, esas situaciones pueden llegar a ser televisadas y entonces el carrusel de despropósitos se llama *tertulia*. Se suele invitar a un pedagogo que, a ser posible, también hace unos veinte años que no pisa un aula (requisito *sine qua non*, por cierto, para cualquiera que desee ser ministro de Educación) y se le rodea de gente que opina sobre la enseñanza y que dispone de la misma información sobre el tema de la que yo puedo tener para opinar sobre física nuclear. La diferencia es que a ellos les dejan pontificar sobre mi trabajo mientras que a mí me prohibirían asomarme al plató para cuestionar lo que hace un físico, pero a nadie le parece extraño que cualquiera se erija en súbito experto en educación porque, a fin de cuentas, todos lo somos.

Luego, por supuesto, nos rasgamos las vestiduras con lo poco que se respeta a los profesores en este país y hasta lanzamos campañas de concienciación con grandes pancartas publicitarias y lemas sonrojantes del tipo *Son tus profes: quiérelos*, donde se nos convierte en una suerte de especie protegida que más que respeto, da muchísima pena. *Anda, trátalos bien, que aunque no lo parezca, son personas*, se desprende de esos mensajes paternalistas y ridículos que no sirven de nada. Porque el respeto es imposible cuando hay tanta gente que disfruta desacreditándonos y dejando bien claro que la docencia es algo que cualquiera podría hacer mejor que nosotros. *El que sabe, sabe y el que no, enseña*, entrañable refrán que resume cuánto y cómo se valora desde siempre la labor docente en nuestro país...

Así que, en el futuro, creo que cuando salga el tema educativo en una conversación voy a empezar a darle la vuelta y, en vez de tratar de convencer a mis interlocutores sobre la dificultad de la enseñanza, o sobre sus problemas, o sobre su realidad, me voy a limitar a preguntarles cuál es su oficio y a opinar sobre ello. Y me da igual que sean alergólogos, arquitectos o ebanistas, estoy seguro de que tendré muchísimo que aportar, criticar, juzgar y proponer, aunque sean auténticas sandeces. Porque, a fin de cuentas, ¿quién no es un experto en alergología, arquitectura o ebanistería? Pues en educación, lo mismo. Así que, adelante, opinemos.

3. MITOS Y MENTIRAS DE LA ESO

Si hay una opinión extendida entre la *generación coñazo*, a la que, por desgracia, pertenezco (sí, esa que insiste compulsivamente en que nosotros también hicimos la EGB y ha decidido que esos años fueron la cumbre de nuestra vida), esa opinión es que «antes había mucho más nivel».

Curiosa observación hecha por un sospechoso grupo de treintañeros que echan de menos rebobinar casetes con bolígrafos (acción que parece que les diera un placer casi orgasmático), han convertido *Los Goonies* en una especie de *Ciudadano Kane* o extrañan ver películas con el Cinexín. Sí, el Cinexín, esa cosa que solo permitía visionar escenas sueltas (y mudas) y que no se veía bien lo proyectaras donde lo proyectaras. Pues esta generación de pre-nostálgicos (porque si a los treinta y tantos ya nos ha dado por contar batallitas, tendré que pensar dónde esconderme cuando cumplamos los setenta) tiene clarísimo que en la ESO no hay nivel, que salen mucho peor preparados que nosotros y que donde esté la EGB y el BUP, que se quite todo.

¿Que la ESO tiene deficiencias?

Sin duda.

¿Que la EGB y el BUP eran perfectos?

Ni de broma.

Los contenidos de ambos modelos son prácticamente los mismos, aunque secuenciados de manera diferente y, a ser posible, bajo nombres de asignaturas que impidan reconocerlos. La diferencia no es que ahora estudien menos, la verdadera diferencia es que la mayor parte de las veces no tenemos muy claro qué es lo que estudian.

A eso hay que sumar, por supuesto, el baile de reformas (donde ya debemos haber batido algún tipo de récord internacional) que hace que las asignaturas entren y salgan del programa como si hubiera una gigantesca puerta giratoria. Así que de repente estudian Música y de repente no, o se les educa para la ciudadanía y luego se decide que total, para qué queremos que sean ciudadanos cuando es mucho mejor que vayan dando coces por ahí, o se les deja sin Plástica porque, seamos serios, a quién le puede importar el arte en un país como este donde apenas ha habido algún que otro pintorcillo reseñable...

Claro que peor aún que las asignaturas que entran y salen, como Música y Plástica, lo tienen las asignaturas que solo salen: las lenguas muertas o, más bien, lenguas asesinadas (en breve solo quedará un tímido recuerdo de su existencia que lo mismo da para una nueva saga generacional a lo *yo también estudié Latín*) y la Filosofía, pues hay quien ha decidido empujar con fuerza a ver si se cae de una vez del plan de estudios o se queda como optativa y pensar acaba siendo igualmente optativo (y minoritario), que es de lo que realmente se trata.

¿Así que los que afirman que ahora hay menos nivel tienen razón? Claro, porque todos ellos se saben perfectamente las declinaciones del griego clásico, conocen los secretos de la música barroca y son expertos en la filosofía de Wittgenstein. Es tan falso como eso: ni antes sabíamos más ni ahora saben menos, tan solo tenemos lagunas diferentes, porque si algo tienen en común todos los sistemas educativos es que son imperfectos.

Esa imperfección, por supuesto, siempre tiene un mismo culpable: el profesor del nivel anterior. La cadena funciona así: los profesores universitarios se quejan y culpan a los de Bachillerato, los de Bachillerato se quejan y culpan a los de la ESO, los de la ESO se quejan y culpan a los de Primaria, los de Primaria se quejan y culpan a los de Infantil y los de Infantil se quejan y culpan a..., bueno, como a ellos no les queda nadie a quien echarle la culpa, suelen quejarse poco y trabajar mucho (aunque seamos uno de los países que menos valora su importantísima labor).

Mucho se habla del corporativismo docente, que si nos cubrimos, que si nos ayudamos, que si no somos críticos, pero aunque esa actitud corporativista exista —y sí, por desgracia, es una realidad en cierto sector— nunca se aplica a los de una etapa educativa que no sea la nuestra. La culpa del bajo nivel de nuestros alumnos siempre es del profe del año anterior, o del profe del centro anterior, o hasta de un profe de una vida anterior, en definitiva, de cualquier sintagma que incluya el adjetivo *anterior* y que nos permita descargarnos de responsabilidad, porque bastante tenemos con sobrevivir a nuestras miserias como para, además, rellenar lagunas ajenas.

Esas lagunas, que a veces son océanos, también son el resultado del incomprensible a la par que creativo diseño de los planes de estudio. Planes que, estoy seguro, son trazados por sociópatas que disfrutan distribuyendo los contenidos de manera imposible y, sobre todo, ilógica. Así que un alumno puede estudiar un año la literatura medieval sin que nadie le cuente qué era la Edad Media hasta el curso siguiente, total, para qué buscar coherencia con lo divertido que es eso del *flash-forward*.

Eso sí, por lo menos se le explica todo en varios idiomas, a ser posible, en español e inglés. Y puede que el sistema bilingüe tenga muchos problemas, porque se hizo de manera apresurada y chapucera (algo que nunca habría ocurrido en Finlandia, donde las cosas se hacen siguiendo su orden), pero la generación de la ESO es la primera que habla otros idiomas sin esa vergüenza y esa expresión de asumida catetez que tiene gran parte de la generación «que también hizo la EGB» (dichosos nosotros) cada vez que sale al extranjero. Que sí, que estudiarse a los Catholic Kings por aquello de la enseñanza bilingüe tiene su punto surrealista, no vamos a decir que no, pero ya me habría gustado a mí tener la opción de asistir a un centro bilingüe público (no olvidemos ese último adjetivo) y recibir una educación que siempre ha estado limitada solo y exclusivamente a quienes la podían pagar.

Por supuesto, también están los que dicen que ahora los alumnos se portan mucho peor, que no hay respeto, que no hay disciplina, que no... Y luego te sueltan alguna burrada que hicieron en sus tiempos del BUP. Pero lo suyo es una gracia y lo de ahora, un descontrol... Ninguno de los que opina algo como eso se ha asomado a un instituto real, ni se ha fijado en que, además de los problemas de disciplina que ha habido y habrá siempre, ahora mismo casi todas las iniciativas a favor de la convivencia que funcionan en esos centros son puestas en marcha por sus alumnos y un puñado de *voluntaristas* (docentes que suelen cargar encima, por *voluntad* propia y de manera no remunerada, con todo cuanto se hace en el centro escolar). Iniciativas como programas contra el acoso escolar, asociaciones culturales, actividades solidarias de recogida de alimentos o de trabajo a favor de ciertas causas, etc. Puede que esta generación tenga problemas de redacción en cuanto se les prohíbe usar emoticonos, sí, pero también tienen una conciencia social que nos da unas cuantas vueltas a quienes tuvimos su edad unos años atrás.

La máxima de que cualquier tiempo pasado fue mejor siempre me ha parecido un error. Y en educación, más. En educación no tiene sentido mirar hacia otro tiempo que no sea el presente. Porque en el hoy está la clave del futuro. Y la nostalgia *egebera* mejor la dejamos para los memes (y memeces) de las cadenas de *WhatsApp*.

PARTE II

EN LA SALA DE PROFESORES

1.
EL PRIMER CLAUSTRO (O CÓMO EMPEZAR —MAL— EL CURSO)

Todos los cursos comienzan mal. Siempre.

Y no es una cuestión subjetiva, en absoluto. Sencillamente, no se puede empezar bien el curso cuando lo primero que te encuentras el 1 de septiembre es un examen.

Y allí estás, con tu taco de folios y tu rotulador rojo (o no, rojo mejor que no, que el rojo frustra mucho y en Finlandia seguro que no lo usan nunca), preguntándote cómo es posible que el verano se haya terminado tan pronto (porque a ti también te han engañado y te has creído que tenías tres meses —¡ja!— de vacaciones) y entregando hojas a un montón de adolescentes que vienen mucho más bronceados que tú, mucho más jóvenes que tú y mucho más guapos que tú. Y sí, eso jode. Porque lo malo de la enseñanza es que te recuerda que tu público siempre es igual de joven —siempre tiene quince, o dieciséis, o diecisiete— y tú, no. Tú cada año tienes uno más...

Finges que no te afecta, que hasta te hace ilusión volver al trabajo y repartes los exámenes sabiendo que lo harán mucho peor que en junio, pero como no les podías aprobar entonces porque no llegaban a un nivel razonable, tienes que examinarles de nuevo ahora para comprobar que, como era de esperar, saben todavía menos que antes.

Tras examinarles, viene la siguiente tortura: corregir, esa actividad tan divertida consistente en leer cientos de páginas prácticamente iguales entre sí y comparable a la tortura mitológica de la piedra de Sísifo. Es más, seguro que si Sísifo pudiera elegir, prefería seguir empujando la piedra ahí en el Hades antes que meterse entre pecho y espalda todos los exámenes de 3.º de la ESO. Tras jugarte la vista (y casi la vida) descifrando letras imposibles, averiguando qué se esconde tras la creativa ortografía de tus alumnos y preguntándote en qué momento dijiste que «los mejores autores románticos fueron José el Zorrito y el Conde Duque de Olivares» o que «Isabel la Católica se casó con Rodolfo Sancho» (sí, esto es real), pones las notas de septiembre (normalmente, desoladoras) y te dispones para el siguiente festival de placer: las juntas de evaluación.

Las juntas de septiembre, eso sí, más que juntas de evaluación son juntas de caridad, porque los profesores no nos reunimos para evaluar a nadie, sino para salvarlos:

—Bueno, no sabe nada de Biología, pero se ha esforzado...

—Si tiene un 3...

—Ya, pero se ha esforzado... En junio sacó un 1.

—Vale, sí, tienes razón. Apruébalo.

—Y esta, en fin, confunde a Quevedo con Lorca, pero tiene actitud...

—Eso es verdad.

—Bueno, pues aprobada... ¿Y este? No vamos a hacerle repetir curso por un problemilla de cálculo, total, si también se puede vivir sin saber sumar...

—Venga, cámbiale la nota.

—Tiene un 2, ¿qué le pongo?

—No sé... ¿Un 5?

El claustro se convierte así en una ONG y aprueban tres tipos de alumnos: los que han estudiado (los menos), los que salvamos porque nos da pena que sigan sufriendo (tanto ellos como sus padres, a quienes sabemos que hemos jodido el verano, tal y como ellos mismos se encargan de hacernos saber cuando les damos las notas en junio) y los PIL, esa gran palabra que tantas alegrías nos da en cada curso.

Un momento, ¿que qué es un PIL? Pues un alumno que aprueba *por imperativo legal*. El tipo de alumno que sabe que no tiene que dar palo al agua en todo el curso porque, por ley, no puede repetir. Si un alumno suspende más de dos asignaturas en 1.º de la ESO tiene que volver a cursar 1.º, pero si cuando repite suspende de nuevo más de dos materias, promociona por imperativo legal. Ellos lo saben, así que pueden estar todo ese curso sin hacer nada, con lo que llegan al siguiente año sin tener ni idea del anterior... En fin, una fiesta. Lógicamente, los PIL se encuentran siempre profundamente motivados y con muchísimas ganas de dejarse la piel estudiando: es como si nos dijeran que vamos a cobrar un sueldo tanto si vamos al curro como si no vamos (no mientas y digas que irías, que no cuela). Pues ser PIL es igual, pero con hormonas adolescentes incorporadas.

Y como el inicio de curso (estamos todavía en la primera semana) no ha sido lo bastante horrible, a los exámenes se suma el evento más esperado de cada septiembre: el primer claustro. Una especie de aquelarre colectivo donde sale lo peor de cada uno de nosotros y en el que delimitamos, como quien no quiere la cosa, las áreas de ese microcosmos que es cualquier instituto.

¿Qué se decide en ese primer claustro? Se pide a los departamentos que repartan los cursos, asignaturas y niveles entre sus miembros. Quién dará 1.º de la ESO, quién impartirá 2.º, etcétera.

Y ahí, en ese instante, es cuando comienza la diversión. Porque sabes que de los grupos que elijas dependerá tu año y, más aún, tu propia supervivencia. Hay muchos métodos de reparto de grupos, pero el supuestamente más democrático y, a la vez, más terrible es... la rueda.

Recuerdo la primera vez que me dijeron que íbamos a hacer la rueda. Como me pasó con tantas otras cosas en mi año de novato, no tenía ni idea de a qué se referían exactamente y me sonó a baile regional. Y sí, algo de baile sí que tenía, pero del baile de las sillas, porque si te movías mal y a destiempo, te acababas cayendo de culo. Literalmente.

En mi ingenuidad, estaba convencido de que, para repartirnos los grupos, hablaríamos entre nosotros sobre los niveles, sobre qué profesor era más adecuado para cada una de esas clases, sobre qué optativas nos gustaría impartir y quién tenía la formación idónea... Pero no, no hubo diálogo. Hubo rueda:

LA RUEDA. MECANISMO Y FUNCIONAMIENTO

1. Se ordena a todos los miembros del departamento por orden de antigüed..., no, de priorid..., no, de experienc... ¿Por orden de qué?

   La rueda es una especie de ouija educativa donde en vez de invocar a los muertos, invocas a la jerarquía. ¡Y vaya si hay jerarquía en el mundo docente...! Por supuesto, a mí siempre me ha tocado el último. O porque era novato. O porque acababa de aterrizar en el centro. O porque estaba por una comisión de servicios. No sé cómo me las he apañado, pero siempre había una razón para que fuera el último en todas las ruedas en que he participado. También cabe la posibilidad de que no me enterase bien del sistema y me engañasen como a un crío, pero bueno, eso prefiero no pensarlo.

2. Cada profesor, cuando le toca hablar en la rueda según el orden fijado previamente, elige qué cursos y asignaturas quiere impartir. Es como ir al súper pero en plan pedagógico:

—Yo quiero tres cuartos de la ESO y un refuerzo de Lengua.

—Yo me quedo con dos Historias bilingües y una Historia del Arte.

—A mí este año me apetece llevarme 3 primeros de la ESO y dos bachilleres.

La petición se puede hacer en plan pack o de curso en curso. Si se hace en pack se acaba antes y siempre hay alguien (el último de la jerarquía) que acaba llevándose las sobras (como quien llega el último a las rebajas, más o menos). Si se hace de curso en curso, la rueda puede durar horas, días e incluso meses, pues cada profesor debe sumar el mismo número de horas lectivas y no es fácil cuadrar horarios (otro clásico de septiembre) cuando se va eligiendo así:

Profe A: Un primero de la ESO.

Profe B: Un segundo de la ESO.

Profe C: Otro.

Profe D: Otro para mí.

Profe A: Un cuarto de la ESO.

Profe B: Otro.

Profe C: A mí apúntame un tercero. Pero bilingüe.

Profe D: El mío, mejor no bilingüe.

Profe A: Otro para mí.

Solo falta que alguien toque una bocina y que otro pida, entre cuarto y cuarto de la ESO, dos huevos duros para que el departamento se convierta en la versión rediviva del camarote de los hermanos Marx... Además de su funcionamiento claramente pedagógico, lo bonito de las ruedas es que fomentan el espíritu de equipo, porque te recuerdan tu posición en la pirámide social (de abeja reina a zángano) y permiten ver, antes de empezar las clases, los rasgos más mezquinos tuyos y de tus compañeros. Una forma infalible de generar filias y fobias que algunos departamentos sí superan con una distribución justa y dialogada, pero deben ser en otra galaxia paralela a la que yo, por desgracia, no he accedido.

Por supuesto, el sistema colabora en lo posible para que esta experiencia no sea traumática, sino profundamente traumática, así que, en el caso de la educación pública, en los últimos años se ha puesto de moda en ciertas Comunidades Autónomas que parte de los profesores se incorporen a su centro de destino cuando el claustro y la rueda ya han tenido lugar, de manera que se deben contentar con lo que amablemente (o no, que de todo hay) les hayan dejado sus colegas.

Gracias a los demoledores recortes educativos, la rueda se ha teñido de un nuevo elemento trágico que le aporta aún mayor emoción: *las afines*. Palabra tan temida (o más) que los PIL, las afines son materias que, supuestamente, podemos impartir porque se parecen a nuestra asignatura. En mi primer año tuve la suerte de que, como yo soy de Lengua, el sistema considerase que las Ciencias Sociales eran completamente afines, así que de pronto me vi dando temas de Geografía y dibujando climogramas (o algo parecido) mientras me planteaba el significado del sustantivo *afinidad*. Podía haber sido peor, claro, porque hay quien es de Música y se ve obligado a impartir Educación Física, pues en el desprecio absoluto por el deporte que manifiesta este sistema, se ha decidido que es afín a todo. Total, con pedirles que corran alrededor del instituto y darles un balón... Luego, eso sí, nosotros queremos nuestros Juegos Olímpicos, nuestras medallas y nuestros éxitos deportivos, pero el menosprecio a la Educación Física y a sus profesionales roza lo obsceno.

Las fechas de inicio de curso también le ponen emoción a estos primeros días. Nada queda de aquellos tiempos en que se comenzaba en octubre. Ahora el curso comienza en septiembre y cada vez antes, hasta que cualquier año nos den el susto y empecemos en agosto directamente, que el calor es estupendo para la reflexión adolescente.

En apenas una semana de septiembre se junta el cierre definitivo de matrícula, la adscripción de profesores a sus centros (si la Consejería correspondiente tiene a bien darles uno, claro) y el cumplimiento de una fecha (imposible) de inicio de clases para que los padres no se quejen de que sus hijos sigan en casa, lo que provoca un gran jolgorio de toda la comunidad educativa, especialmente, en Jefatura de Estudios, que son quienes hacen los horarios a marchas forzadas y bajo una presión que cada año es, si cabe, más contundente que el anterior. ¿Cómo podría ir mal un curso que arranca con tanta calma, planificación, tiempo y recursos?

A los jefes de estudios les toca configurar contrarreloj todos los horarios del centro, tanto los de los profesores como los de los alumnos. En cuanto empieza esa labor, todos ellos asumen que no tienen derecho a vida privada (literal) y se limitan a meter datos en programas, cuadros de Excel y cuanto soporte informático les permite coordinar todo lo que hay que coordinar (y es mucho) en un instituto. Tras unas cuantas noches sin dormir, unos cuantos días sin comer y unas cuantas interrupciones de ciertos compañeros (que vienen a pedir, a reclamar o a pelotear para conseguir tal o cual favor) y de la inspección (siempre feliz de compartir estos tiernos momentos) consiguen, al fin, tener listos los famosos horarios.

Después del esfuerzo y las horas, como es evidente, a los jefes de estudios solo les queda recibir la calidez y el agradecimiento de los demás profesores, que cogen sus horarios y lo primero que hacen es agradec... compararlos con el de al lado. Hay gente experta en hacer una comparación inmediata y multitudinaria con todos los demás miembros del claustro en solo décimas de segundo. Les basta un vistazo general para saberse agraviados y hacerlo notar, a ser posible, mucho y todo el rato.

Que si este entra más tarde que yo, que si esta tiene una hora de guardia menos, que si por qué estoy yo cuidando el recreo, que si os pedí salir pronto los viernes... Los profes que son padres exigen entrar más tarde porque tienen que llevar a sus hijos al colegio, los que no somos padres exigimos entrar más tarde porque nos gusta salir por la noche que, para eso precisamente, hemos decidido no tener hijos... Y, en fin, cada cual expone sus quejas, sus reclamaciones, sus problemas y todo el mundo sale siempre notablemente descontento, gracias a que cada vez damos más horas de clase y, al final, no hay ni un solo horario mínimamente razonable.

Y así, entre prisas, recelos, plazos imposibles y comparaciones peligrosas empieza el curso. Un inicio lleno de armonía y de buenos deseos en el que no dejas de preguntarte por qué a ese profesor que no soportas le dan siempre un horario mucho mejor que el tuyo. Y no falla: siempre es así.

2.
TODOS FUIMOS NOVATOS

Nadie tiene ni idea de dar clase.

Al principio, quiero decir.

¿Y luego...?

Bueno, luego...

Tampoco.

Y no, eso no significa que todo el mundo lo haga mal, al revés, hay gente (mucha) que lo hace muy bien, pero todos aprendemos con el tiempo y, a pesar de ese aprendizaje, seguimos dudando: no conozco ni un solo profesor a quien admire que a fecha de hoy no siga cuestionándose sus métodos año tras año.

Se hacen cursos, algún máster y hasta unas prácticas, sí, pero todo eso sirve de bien poco. En cuanto entras en tu primera clase te das cuenta de que no sabes nada, porque la enseñanza es una de esas profesiones que solo se aprenden desde la realidad. Desde el día a día. Y por eso, supongo, resulta tan apasionante para quienes estamos enganchados a ella (y tan desesperante para quienes no se lo pensaron lo bastante antes de meterse en el aula).

Mi principio no pudo ser más glorioso. Me estrené con un grupo de Sociales, esa asignatura afín (¿afín a qué?) cuyo primer tema era el Universo y que me hizo correr a la biblioteca a leerme toda la obra de Stephen Hawking. Uno es así, un poco hiperbólico, pero me parecía que era imposible empezar a dar clase sin dominar realmente la materia que tenía que impartir. De eso nada, yo iba a dar clase a lo grande. En plan finlandés... Así que llegué, me presenté a mi grupo de 1.º de la ESO y lo primero que me llamó la atención es que todos parecían muy pequeños, pero enseguida borré esa impresión de mi cabeza y me centré en el discurso que tenía preparado. Quién era yo, qué íbamos a estudiar y, en un giro inesperado para esos pobres chavales de 1.º, les dije que iba a explicarles qué bibliografía podían utilizar en la asignatura. La palabra *bibliografía* ya debió de provocar reacciones de terror, pero el pánico se hizo material cuando comencé a dictarles los títulos en cuestión. Todos aguantaron como héroes, intentando escribir lo que yo decía, hasta que una niña, la más valiente de la clase, con los ojos rebosantes de lágrimas levantó la mano y me hizo la pregunta que cambió mi vida como docente:

—Pero... Esto... ¿Esto lo escribimos con boli negro o con boli azul?

Sus compañeros casi la ovacionaron y yo me di cuenta de que, en efecto, no sabía lo que estaba haciendo. Que llevaba una idea (ligeramente errónea) en mi cabeza de lo que era la ESO y que lo primero que tenía que hacer era mirar a esos alumnos, fijarme en ellos y bajar a la tierra, por mucho que estuviera embebido del Universo y las teorías de Hawking. Por supuesto, aparqué la bibliografía y hablamos de cuadernos, lápices y bolígrafos negros y azules. Mucho más útil y más interesante, dónde va a parar.

La verdad es que nadie te prepara para abordar el día a día en el aula, ni para entender sus miedos, sus inquietudes, sus preocupaciones. Nadie te cuenta cómo se pueden manejar ciertas emociones, ni qué hacer cuando hay un ataque de rabia, o cuando alguien rompe a llorar por algo tan simple como un suspenso en un examen o por algo tan fuerte como que se ha muerto un familiar. Nadie te forma para afrontar algo tan poderoso y tan brutal como la vida, esa vida que se multiplica en treinta personas por aula, y en seis o siete aulas cada mañana. Una vida de unos doscientos nombres que tienes que manejar a la vez que explicas el complemento directo o las ecuaciones de segundo grado. Claro que hay quien te ayuda, quien te orienta, quien te propone modelos y técnicas, pero la realidad siempre te acaba desbordando, en lo bueno y en lo que no lo es, así que a dar clase se aprende... dando clase.

Tampoco creo que fuera del todo consciente, hasta que lo viví, de la importancia de cuanto proyectamos en el aula y el cuidado con que debemos hacerlo. Aún recuerdo a una alumna brillante de 3.º de la ESO de mi primer año como profe, una chica que destacaba por su creatividad literaria y artística en todas las asignaturas. Un día la encontré realmente triste, rabiosa. Le pregunté qué le pasaba y su respuesta fue que otro profesor le acababa de decir que un trabajo que le había entregado «no era digno de ella». Mi colega lo habría hecho como un elogio, pero para ella era una losa. Una etiqueta que la aplastaba. «¿Qué se supone que es digno de mí?», decía. Y pensé que yo podría haberle dicho esa misma frase sin saber, como tampoco lo supo mi compañero, que había un dardo dentro de ella, que a esa edad podemos machacarlos también con una exigencia desproporcionada, o con un elogio a destiempo, o con cualquier comentario que se sume al conjunto de presiones que ya lleva la adolescencia consigo de fábrica. Aún me pregunto cuántas frases parecidas habré dicho, cuántas veces habré expresado algo que no debía o, por ser positivos, lo contrario, cuántas sí que habrán llegado al lugar adecuado y habrán conseguido motivar o animar a alguien.

Pero el primer año no solo es duro porque te das cuenta de que tienes que aprender a manejar el aula, sino también porque estás completamente perdido en el microcosmos que es un instituto. ¿Dónde situarte? ¿Qué lugar ocupar en la cafetería? ¿Cómo y con quién relacionarte? Por supuesto, en mi caso pasé unas trescientas cincuenta y cinco millones de veces por Jefatura para hacer todo tipo de consultas, porque cada cosa que quieres hacer te plantea una duda diferente y siempre estás al borde de meter la pata.

Entre las cosas que uno aprende el primer año figuran contenidos muy diversos. Estos serían algunos de los puntos esenciales de la guía básica de cualquier novato.

El primer día es el *único* día

No se puede ir a clase el primer día del curso de cualquier manera. Eso sí que es un error. Ese día tus alumnos te observan, te puntúan, te clasifican y te cuelgan una etiqueta que no te quitas luego ni con aguarrás... Deciden, tan pronto como entras por la puerta, si eres un profe enrollado, pesado, aburrido o al que van a destrozarle las clases por diversión o por deporte, que todo puede ser. Hay que observarles a ellos igual que ellos nos observan a nosotros, pensar qué vas a decir, cómo te vas a presentar y hasta qué ropa te vas a poner. ¿Imagen de profe serio, de profe colega, de profe distante, de profe alternativo...? El primer día en el aula todo significa y, aunque es el más vacío desde el punto del contenido, es el más importante en cuanto a la dinámica.

«Me lo han robado» significa «Lo he perdido»

Puede ser un móvil, o la cartera, o el cuaderno de Física. El caso es que siempre hay un robo posible que, muy a menudo, es algo que el alumno ha perdido y no encuentra, pero su nivel de paciencia no le da para buscarlo más que unos cinco segundos y al sexto ya te está denunciando el supuesto robo. La primera vez que te lo cuentan reaccionas como si fueras un policía, pero en cuanto le coges el truco empiezas a reaccionar más como si fueras su madre. A ver, ¿dónde lo tenías? ¿Dónde lo has puesto? ¿Cómo que no está? Ya verás como voy yo y lo encuentro... Así hasta que das con el objeto perdido y se resuelve el misterio.

Ante el llanto, sé fuerte

La primera vez que un alumno me lloró (sí, no lloran en general: te lloran a ti) porque le había puesto un 4 en un examen creí que se me rompía el corazón. A punto estuve de revisarlo, estirar todo lo estirable y arañar el 5 que necesitaba para aprobar... No lo hice y, mientras me sentía hundido en mi perversidad (¿cómo podía haber roto el corazón de un tierno alumno de 1.º de la ESO?) vi cómo él salía de clase, se reunía con sus colegas y se iba tan contento al patio. La tragedia le había durado, exactamente, unos cinco minutos. Los suficientes para intentar ablandarme el corazón e intentar sacar provecho de ello. Una táctica más que respetable, pero táctica al fin y al cabo.

Expulsar no es solucionar

Eso de echar a alguien al pasillo es, además, de muy viejo, muy inútil. Hay un alumno que molesta, así que lo echas de clase y solo consigues que ya desconecte del todo y que, cuando vuelva a entrar, siga dando la lata. Es como si te aburre una película y te echan de ella a la mitad, pues cuando vuelves, como no te enteras de nada, es más que probable que te dediques a molestar hasta que se termine.

Por no hablar de los que se ponen de acuerdo para ser expulsados a cierta hora y así encontrarse en el pasillo. Cierto alumno de 2.º de la ESO, cada martes a las 10.05 (ni un minuto antes ni un minuto después), se ponía insoportable con la esperanza de que le hiciese salir de clase y así poder encontrarse con su chica, que estaba en el aula del final del pasillo. Su romance, todo un *Romeo y Julieta* versión instituto, fue imposible porque yo siempre he sido muy tozudo y nunca he echado a nadie de mis clases, así que Julieta esperaba en la puerta mientras yo trataba de sobrellevar a su Romeo.

Tus ojos no te mienten

La cantidad de veces que escuchas que es mentira lo que acabas de ver hace que te plantees si deberías graduarte de nuevo la vista. *No estaba mirando el móvil, profe. No tengo ninguna chuleta, profe. No estoy haciendo los deberes de otra asignatura, profe...* A menudo el no va acompañado de la acción contraria, lo que provoca una especie de cortocircuito sensorial que te lleva a cuestionar tu propia lucidez. Es más, eso de *No estoy mirando el móvil* te lo dicen mientras teclean (esta generación sabe teclear en situaciones extremas y escondiendo sus teléfonos en lugares inverosímiles, doy fe) y escuchas bien clarito cómo les entra un *whatsapp*... Pues no, no ves visiones. Ves lo que ves. Y ellos, como es normal, lo niegan. Son las reglas del juego. Tan simple como eso.

Alíate con los líderes

En todas tus clases hay líderes. Sí, están ahí. Y lo sabes. Son los que manejan el cotarro, a los que sigue la mayoría. Los que te lo pueden poner difícil si no eres capaz de jugar con una ventaja que, no lo olvidemos, tenemos: la experiencia. ¿Por qué convertirnos en adversarios de quienes pueden ser nuestros mejores aliados? Así que puedes ganarte su enemistad eterna o, al contrario, llevártelos a tu terreno. Si piensas que la autoridad en el aula es solo tuya, lo llevas fatal. La autoridad es algo mucho más complejo y, en especial, en esa edad en la que están deseando que aparezcan motivos para rebelarse y hacerse su remake 2.0 de *Espartaco*. Gánate la confianza de los rebeldes sin causa del grupo y conviértelos en cómplices, consigue reforzar con ellos tu autoridad y crea un vínculo de confianza. En mi caso, en todos los años en el aula, esa confianza que, cuando acababa el curso, se convertía a veces en amistad es lo mejor que me llevo de este trabajo. Lo que hace que todo merezca la pena.

Los nombres importan

Y sí, vaya si importan. En la primera clase siempre he hecho lo mismo: sacar la lista de alumnos y apuntar al lado de cada uno de ellos cómo quieren que les llame. Porque no es lo mismo ser Jennifer que Jenny, así que me parece que es justo que puedan elegir ese nombre para que, al menos, se sientan cómodos en el aula. Luego están los profesores que les llaman siempre por el apellido y prefieren verse rodeados de Ramírez, Gómez, Orduño y Carrascosa, pero a mí me parece que humanizar, en lo posible, ayuda a entendernos mejor. Eso sí, hay que hacer verdaderos esfuerzos por memorizar todos esos nombres y siempre está el que, cuando no te lo sabes, te lo dice con cierto retintín. Ahí es cuando llega el clásico de «Es que vosotros solo tenéis diez profesores y yo, doscientos alumnos», axioma indiscutible con el que pedimos más tiempo para seguir distinguiéndolos. Siempre está, claro, el que se llama Diego pero tiene cara de llamarse Javier y a ese, a Javier —perdón, a Diego— lo sigues llamando Javier hasta que termina el curso. Sin solución.

Di no a los exámenes sorpresa

Todos los hemos sufrido como alumnos. Alguna vez hemos desquiciado al profesor y nos han sancionado con un examen sorpresa que, por supuesto, hemos hecho de pena, porque ese gran mito de «estudiar todos los días» sigue siendo exactamente eso, un mito (salvo en Finlandia, claro, allí no se pone el sol —que mira que se pone pronto— sin que todo finlandés haya estudiado un rato). Lo que no imaginábamos es que, desde el lado del profesor, el castigo se convertía, en realidad, en un autocastigo, porque de pronto tienes un taco más de exámenes que corregir (sumado a todo lo demás que ya debías hacer) y ante el que puedes optar por dos únicas vías:

—Asumir tu error, darte la paliza, maldecirte mientras corriges y suspender a casi toda la clase, con lo que bajarás las medias, empeorarás las notas, cabrearás a los padres y darás inicio a una serie de círculos infernales dignos del mismísimo Dante...

—Fingir benevolencia, adoptar una pose magnánima y volver a clase contando que como los exámenes (que ni has mirado) han salido tan mal, vas a olvidarte de ellos y a darles una nueva oportunidad porque crees en ellos y no quieres perjudicarles. Para que este discurso funcione es importante poner tono solemne, impostar la voz y mirarles a todos a los ojos con actitud de entrenador de fútbol de película de instituto (para esto, por ejemplo, el cine sí que puede ser muy eficaz).

No, no tienes su edad

Sí, duele, lo sé, pero el salto generacional existe. Aunque finjamos que no. Incluso cuando eres el más joven del claustro. Ellos siempre son más jóvenes que tú, así que no esperes que entiendan tus referencias, piensa que para ellos *Pretty woman* es un clásico comparable a lo que para ti pueda ser *Casablanca* y prepárate para que se escandalicen porque has vivido sin móvil (que para ellos es como si hubieras vivido sin luz eléctrica).

Tampoco esperes que les guste lo que te gustaba a ti: ¿*Los cinco*? ¿En serio? Por supuesto que hay clásicos que han envejecido más que bien, pero tampoco pasa nada por renovarse y acercarse un poco a sus referencias. Aún recuerdo la última vez que mencioné *Matrix* como ejemplo de cine actual en un grupo de alumnos de 1.º de la ESO que ni siquiera había nacido cuando se estrenó. Si les hubiera hablado de *Lo que el viento se llevó* no les habría chocado menos.

En esos momentos (profundamente deprimentes) te sientes como el mismísimo abuelo de Heidi (otro clásico, por cierto), pero tienes que reponerte y buscar otras referencias en el hoy. En el de ellos.

Y en cuanto al lenguaje, la tentación de ponerse a su nivel es inmensa y todos caemos en el uso de la jerga juvenil (vamos, de lo que nosotros entendemos como jerga juvenil) con la intención de caerles bien y resultar cercanos. De lo que te das cuenta enseguida es de que tu lenguaje juvenil tiene más de viejuno que de adolescente, así que esas sonrisas que detectas no son cómplices, no te engañes, sino que nacen de su incredulidad ante el despropósito verbal que tienen enfrente. Y si hay algo que un adolescente detecta en tiempo récord, ese algo es la impostura, la hipocresía y la falta de naturalidad. Nada como ser uno mismo en el aula. Tú estás mucho más cómodo y ellos lo agradecen.

Rechaza imitaciones

En realidad, lo más importante que aprendes en tu primer año de novato es que no hay fórmulas. Que cualquier consejo no es más que eso, un consejo, porque tienes que buscar tus herramientas, tu manera, tu voz. No puedes ser como aquel profesor que te marcó años atrás. Ni como ese compañero que enamora a sus alumnos, por mucho que te gustaría imitarlo. Tú eres tú, con tus virtudes y tus defectos, así que tendrás que aprender a potenciar unos y a disimular otros para que todo funcione lo mejor posible. Una putada, sí, porque sería estupendo que hubiera un manual del profesor perfecto (y hasta deben venderse por ahí, supongo), pero no sirven. Ese manual lo escribes curso tras curso. Clase tras clase. Y error tras error. En eso reside la trascendencia de nuestro trabajo. Su riesgo. Y, a pesar de sus obstáculos, también su recompensa.

3.
EL LIBRO DE TEXTO: MANUAL DE ¿USO?

La primera prueba de fuego en el aula consiste en un objeto que, teóricamente, nos venden como un aliado y que, sin embargo, es un instrumento del mal para sembrar discordias.

El libro de texto

Un manual de nombre engañoso al que seguimos llamando *libro de texto* por costumbre, porque cada vez cuesta más encontrar el texto en cuestión entre dibujos, fotografías, esquemas, símbolos extraños y todo tipo de ilustraciones que exigen tomarse un par de Biodraminas antes de sumergirse entre sus páginas.

Hay dos opciones ante el libro de texto: ponerlo o no ponerlo. Igual que el dilema de Hamlet, pero algo más caro, porque el *ser o no ser* no tenía nada que ver con los treinta o cuarenta euros que te piden por manual. Así que, si lo pones, más te vale usarlo y asegurarte de que se nota que lo usas, salvo que quieras recibir a algún padre indignado porque su hijo no emplea el libro lo suficiente. El concepto de «lo suficiente» es difícil de determinar, pero lo esencial es que el alumno subraye mucho (si es en clase, mejor), copie cuadros del libro en su cuaderno (nunca he sabido para qué sirve hacerlo, como no sea para asegurarle al chaval un gran futuro como monje copista) y, ante todo, que note que el libro forma parte de su vida igual que ya forma parte de su espalda, sumándose a la lista de mamotretos que se la han ido encorvando con éxito desde Primaria hasta Bachillerato.

Si no pones libro de texto, por el contrario, tendrás que ser tú quien diseñe los materiales y sí, esto parece que sería deseable: se fomenta la creatividad, la imaginación, etc., etc., etc., pero también habrá algún padre que se queje porque su hijo se pierde al no tener un libro en el que apoyarse. Le sugieres (al padre) que con que se apoye (su hijo) en la mesa es más que suficiente, que ya tiene una edad y que es capaz de tomar apuntes y construir sus propios materiales, pero al padre no le hará ninguna gracia la ironía de la mesa, dudará de la madurez de su hijo (e incluso de la tuya), insistirá en que necesita un libro donde subrayar (la pasión española por el subrayado es casi ancestral) y augurará que esos apuntes los perderá, desordenará y confundirá. Por supuesto, ignoras sus malos augurios, hasta que en el primer examen te das cuenta de que o es verdad que tus alumnos han perdido los apuntes o se están cachondeando de ti al escribir que los días de la semana en francés son «lundi, mardi, miercoledi, juevedi, vierdi, sabadi y domindi» (sí, y también es real).

Pero lo mejor de los libros de texto son sus actividades. De vez en cuando se agradecería que los autores tuvieran un término medio entre la pregunta imposible y la perogrullada manifiesta. Así, por ejemplo, ante un texto titulado «El verano» podemos encontrar una pregunta tan fascinante como:

> **1. ¿De qué trata el texto? Marca la respuesta adecuada:**
>
> ☐ Del verano.
>
> ☐ De la caza ilegal.
>
> ☐ Ambas respuestas son correctas.

Y después, a solo unos centímetros de página, otras actividades del estilo:

2. **¿Qué crees que quería expresar el autor en el segundo párrafo a través del conjunto de símiles y metáforas escogidos? ¿Desde qué perspectiva se sitúa y parece ubicarnos la voz narradora? ¿Cómo se aprecia la reflexión metaliteraria en el fragmento? Elabora un ensayo sobre la relación entre narratividad y posmodernidad empleando citas del texto que has analizado.**

Preguntas que, por suerte, los alumnos necesitan leer unas tres o cuatro veces para entender (sin lograrlo, por supuesto) mientras que tú corres a la guía del profesor en busca del solucionario, con la esperanza de encontrar la respuesta a semejante acertijo. Y sí, la encuentras, pero los cabrones del libro de texto se han vengado de las horas de explotación laboral en su editorial dándote esta (única) solución:

☞ Respuesta libre.

(El subtexto de la fórmula *respuesta libre* es algo así como «no tenemos ni idea de lo que hemos preguntado, nos pagan poco y mal como para seguir partiéndonos la cabeza haciendo esta guía de mierda, así que búscate la vida que para eso eres el profesor, ¡joder!»)

Pero si hay una instrucción del libro de texto que cualquier alumno odia es esa maravillosa exhortación que todos hemos padecido alguna vez:

☞ **JUSTIFICA TU RESPUESTA.**

Habría que investigar cuántos adultos siguen teniendo traumas y pesadillas en las que alguien les obliga a justificar sus respuestas (la vida conyugal, por cierto, tiene mucho de eso). Y es que si ahora somos incapaces de justificar la mitad de las cosas que hacemos o decimos, ¿cómo íbamos hacerlo cuando estábamos en el instituto?

Hay varios tipos de *justifica tu respuesta*:

- **El justifica idiota.** Aquel que no permite más razón que la tautológica (vamos, que A es A, porque A es A):

> **¿Quién protagoniza la obra *Peter Pan*? Justifica tu respuesta.**

- **El justifica cabroncete.** Aquel que exige pensar, razonar, buscar ejemplos, aportar argumentos y otros verbos de difícil conjugación cuando las hormonas están más pendientes de lo que sucede fuera del aula que de lo que acontece dentro:

> **¿Qué representa en la obra Peter Pan? Justifica tu respuesta con ejemplos extraídos del texto.**

- **El justifica sádico.** Se utiliza para rellenar líneas en el libro de texto y es la venganza personal de sus autores contra los alumnos, los profesores y la sociedad en su conjunto:

> **¿Cómo influyó en la literatura de su tiempo la aparición de Peter Pan y qué consecuencias tuvo en el imaginario colectivo posterior? Justifica tu respuesta.**

Por supuesto, el libro de texto también ofrece un sinfín de actividades utilísimas y muy realizables. Así, por ejemplo, en el tema dedicado a la cultura romana te puede proponer que te vayas con tus alumnos a Segóbriga, como si eso fuera igual de fácil que sacarlos al patio.

También están los libros que, con cada tema, te proponen ver cinco películas, imaginamos que porque creen que el curso escolar transcurre en universo paralelo (bueno, en eso algo de razón sí que tienen) donde las coordenadas espacio y tiempo se rompen y puedes ver quince películas por unidad sin ningún problema.

A mí, lo confieso, nunca me ha gustado usar el libro de texto más que como una ayuda o una guía y eso que, por si fuera poco, también soy autor de unos cuantos de esos manuales... Por eso mismo, quizá, tengo claro que son muy útiles como obras de consulta, para que los alumnos se acostumbren a que también pueden mirar de vez en cuando un libro en papel y no solo la Wikipedia, pero no me convence su empleo como un camino ortodoxo del que no puedes moverte ni un milímetro. Si hay algo que busco en el aula es la libertad y la creatividad, tanto la mía como —sobre todo— la de los alumnos, y si el libro de texto se sigue al pie de la letra (siempre que se encuentre la letra debajo de todos los dibujos, claro) puede llegar a limitarla. Salvo en Finlandia, por supuesto. En Finlandia la creatividad no la limita nadie.

4.
LA EVALUACIÓN CERO (O CÓMO SEGUIR —DE PENA— EL CURSO)

Comienzan las clases. Al fin estás en tu aula. Con o sin tu libro de texto. Con o sin justificar tus respuestas... Y con tus alumnos.

Bueno, en realidad estás en tus aulas (muchas). Y con muchos alumnos (mogollón). Porque como cada vez damos más horas de clase, cada curso son más los estudiantes a los que tenemos delante. Más horas y menos profesores, o lo que es lo mismo: más alumnos en cada aula y más aulas para cada docente.

Aquí es cuando algún genio de los de la nostalgia *egebera* suelta aquello de «En mis tiempos éramos cuarenta por clase y hemos salido muy bien». Gran máxima pedagógica que he tenido que escuchar más de una vez... Y, sin entrar a valorar si realmente hemos salido tan bien como dicen (viendo a más de uno, dan ganas de dudarlo), el razonamiento de que se puede sobrevivir en ciertas condiciones es, cuando menos, pobre.

Que sí, que antes éramos muchos en clase y algunos hasta conseguimos que eso no nos impidiera estudiar, pero también en el siglo XV la gente sobrevivía sin vacunas, o sin luz eléctrica y lo deseable no es renunciar a ellas... Pues lo mismo sucede en educación: si la sociedad cambia, lo esperable es que también lo hagan las aulas. Necesitamos institutos con los medios necesarios para atender a los adolescentes del siglo XXI, con todo lo que eso tiene de diferente y de urgente. Luego nos sorprende que ocurran ciertas cosas y dedicamos titulares amarillistas a esas cuestiones sin preguntarnos qué se oculta detrás de todo esto. Cuántas cifras (números que, en realidad, son vidas) nos permitirían explicarlo.

El caso es que empieza el curso y crees que vas a poder empezar a conocer a tus alumnos, acercarte a ellos a pesar de que vas a necesitar medio curso para memorizar todos sus nombres. Doscientos, trescientos... Depende de la materia y de los niveles que te haya tocado dar (ahí es cuando, más de una vez, recuerdas con —ejem— cariño el día de la famosa rueda...), pero ese número —siempre de tres cifras— es también el número de ejercicios que vas a corregir, el número de exámenes parciales que vas a corregir, el número de exámenes finales que vas a corregir, el número de trabajos por evaluación que vas a corregir, el número de exposiciones orales que vas a corregir... Y, verbo *corregir* aparte, también es el número de padres que vas a conocer, el número de potenciales problemas que pueden surgir, el número de realidades (personales, sociales y familiares) que vas a tener ante ti... Tú crees que te va a estallar la cabeza y sientes una presión que te condiciona, porque salvo que seas un indolente (y sí, también hay de eso), este trabajo impone mucho y la responsabilidad que envuelve, también. Eh, que tenéis tres meses de vacaciones, no te quejes. Y ahí es cuando a uno se le quitan las ganas de rebatir nada y se centra en sus clases, en sus alumnos y en tratar de transmitirles con pasión aquello que...

Un momento, que no. Eso no sucede todavía. Qué va. Porque lo primero que hay que hacer es evaluarles. Sí, eso eso. Hay que examinarles. ¡Otra vez! Nada más empezar. Se llama evaluación cero (aunque el nombre varía, igual que sus métodos) pero es uno de esos requisitos en los que nos insisten desde fuera (imposiciones externas que siempre vienen de quienes no pisan el aula) y que supuestamente busca conocer el nivel de los alumnos. A menudo hasta se les da un boletín de notas, o algún tipo de informe escrito, que sirve para empezar a preocupar a las familias y desmotivar, de paso, a los alumnos. Porque aquellos que ya lo tuvieron difícil para aprobar en junio ahora tienen que volver a demostrar lo que recuerdan de todo aquello... Y seamos sinceros, ¿quién se acordaba de algo el curso anterior después de tres meses de verano? El verano tiene un efecto amnésico universalmente demostrado, así que la evaluación cero solo sirve para desanimarnos a todos en vez de para empezar a conocernos. A veces incluso puede dar lugar a situaciones kafkianas, como tener que evaluar los conocimientos de alemán de alumnos que en 1.º de la ESO jamás han estudiado alemán...

La evaluación cero es un evento muy bonito y enriquecedor que todos disfrutamos por igual: los alumnos piensan que no sirve para nada, los profesores sabemos que no sirve para nada y los padres están tan contentos de que hayan empezado al fin las clases (aunque no lo confiesen, porque no es políticamente correcto) que les importa un bledo que sirva o no. Y sí, claro que es importante conocer a nuestros alumnos, ¿pero de verdad hay que hacerlo a través de más y más exámenes? Conocerse —y reconocerse— no es algo que deba hacerse rotulador rojo en mano, sino a través de otras dinámicas que puede que no den lugar a notas, calificaciones, ránkings y tablas estadísticas, pero que son mucho más útiles y razonables.

5.
LAS CAÑAS DE LOS VIERNES

Para poder sobrevivir como profesor a un curso escolar es esencial conocer dónde se celebran las cañas de los viernes. A veces es evidente y no hace falta indagar mucho, pero en algunos centros el cotarro lo maneja un sector carismático que, para ahorrarse ciertas presencias non gratas del claustro, controla celosamente el acceso a ese necesario oasis semanal. Así que nada más llegar a un instituto es aconsejable detectar quiénes componen ese grupo, caerles en gracia y pasar el cásting encubierto para que nos permitan, al fin, formar parte de esa ceremonia alcoholicolectiva que sirve de catarsis y terapia grupal.

¿CÓMO SE RECONOCE A UN GRUPO DE PROFESORES DE INSTITUTO UN VIERNES A ESO DE LAS TRES DE LA TARDE EN UN BAR?

1.

Consumen cerveza en cantidades industriales.

Después de habernos desgañitado hablando durante toda la semana, la necesidad de hidratación de las cuerdas vocales (a ser posible, mejor con cañas) alcanza cotas extremas. (Y sí, seguro que hay profesores abstemios, pero lo deben de pasar fatal: desde aquí, nuestras condolencias).

2.

Hablan todos a la vez.

Si se escuchan, guardan turno de palabra y mantienen un diálogo sosegado y tranquilo, no son profesores. Y si a alguno de ellos no se le escapa al menos una vez «Vamos a callarnos», «Vamos a bajar la voz» o «Vamos a poner un poco de orden», tampoco.

3.

Hablan a todo volumen.

Si odias mucho a alguien, deséale que coincida con un grupo de profesores en un vagón de tren. O en un autobús. Nuestro tono de voz llega un momento en que no distingue el aula de lo que no es el aula, así que seguimos proyectando, y usando el diafragma, y haciendo todo lo que los foniatras nos dicen que hagamos para que se nos oiga nítidos y cristalinos, como si en vez de para uno hablásemos para treinta. Y sí, se nos oye. Vaya si se nos oye.

4.

Hablan de temas escolares.

No se conoce un grupo de profesores que pueda mantener una conversación donde no aparezcan temas relacionados con su trabajo. Siempre me he preguntado si en todas las profesiones ocurre así: ¿los dentistas hablan solo de las muelas que sacan cuando quedan con sus amigos? En mi caso, además, hago triplete: cuando quedo con mis amigos profes de instituto —como yo— solo hablamos del instituto, cuando quedo con mis amigos del teatro —como yo— solo hablamos de teatro y cuando quedo con mis amigos escritores —como yo— solo hablamos de escritura. La duda es si el coñazo es la profesión en general, mis amigos en particular o yo en singular. Lo pienso y, en próximas páginas, ya justifico (si eso) mi respuesta.

5.

Hablan *mucho* de temas escolares.

A veces hasta parecemos divertidos, porque contamos alguna anécdota graciosa, alguna cosa simpática, alguna historia de los alumnos... Pero pronto caemos en las redes de la manía evaluadora y nos ponemos a ¡comentar nuestras clases! Que si hay que ver lo que habla 1.ºA, que si no se puede dar clase en 3.ºC, que si cómo son de listos los de 4.ºB. Un despropósito que, por supuesto, nos lleva a ingerir aún más cerveza, en un ciclo sin fin que me río yo de *El rey león*.

6.

Hablan a destiempo.

Cuando el nivel de cañas crece es normal que alguien se olvide de que el bar está cerca del instituto, y el instituto está cerca de las casas de nuestros alumnos, y nuestros alumnos viven en sus casas con sus padres, y sus padres puede que estén también tomando unas cañas en el mismo bar. Así que justo en el momento en que alguien dice algo inapropiado sobre lo choni que es Marta García Escudero, es muy probable que el padre o la madre de García Escudero esté justo detrás de nosotros. O ni siquiera eso. Con el volumen al que hablamos, basta con que estén a dos o tres calles de distancia para que se enteren y demos lugar a una situación, cuando menos, incómoda.

7.

Hablan con entusiasmo.

Y lo más incomprensible de todo es que los miembros de ese club de las cañas, los que más despotrican, los que más gritan, los que más beben, son también los que más se emocionan cuando hablan de sus alumnos. Quizá por eso acabamos agotando las reservas de Mahou (¿qué harán los viernes para desahogarse en Finlandia, por cierto?), porque después de dejarnos la piel (literal) y la garganta (más literal aún) en las aulas durante la semana, necesitamos ponerle algo de humor y distancia al asunto. Así que practicamos el lema de una gran profesora y amiga mía: *Tú no cuentes, tú cuenta y exagera*. Y eso hacemos. Contamos. Exageramos. Y bebemos. Todo a la vez.

6. RIESGOS DE SER TUTOR

Además de profesor, cada curso puedes tener la suerte de ser tutor de un determinado grupo. La parte buena es que solo eres tutor de un grupo. La parte jodida es que con ser tutor de un grupo ya sueles tener más que suficiente...

¿Y qué es lo peor que le puede ocurrir a un tutor?

Hacerlo bien.

Sí, porque en ese momento te conviertes en el tutor perfecto para cuanto grupo complicado haya en tu instituto. *Como lo haces bien. Como te gusta. Como tienes mano con los alumnos y con los padres...* Las razones son comprensibles, claro, pero la pregunta de ¿por qué los que lo hacen mal siempre viven mejor y lo tienen más fácil? surge sin remedio. Entonces es cuando te prometes a ti mismo que no vas a implicarte tanto como antes, que te lo vas a tomar con más calma, y que vas a conseguir que te pasen al listado de indolentes a quienes jamás confiarían tutorías que exijan mucho esfuerzo. Te lo prometes y lo incumples, por supuesto, porque la tutoría es algo a lo que, que quienes vivimos la docencia con intensidad, damos mucha importancia.

Se la damos solo nosotros, está claro, porque desde las instituciones se nos dice que no vale para nada, se quitan esas horas de tutoría y se nos pide que conozcamos a los alumnos sin apenas poder hablar con ellos. Total, para lo que tienen que decir (deben pensar). Y sí, al principio cuesta inventar con qué llenar esos cincuenta minutos de tutoría, una sesión que nunca estás seguro de encauzar del modo adecuado, por mucho que desde el departamento de Orientación te den instrumentos y ayuda para desenvolverte en ella. Pero en cuanto el curso arranca, los cincuenta minutos se te quedan cortos: solo hay que dar a los alumnos la opción de sentirse libres para hablar y esperar a que empiecen a hablar de sus problemas. Y ahí, en el mismo momento en que ellos se desahogan contándote los suyos, empieza el tuyo.

Y tu problema es que sus conflictos involucran a otros compañeros del claustro, así que te toca parar balones, opinar, defender o, si se tercia, tomar medidas. Que si el de Matemáticas puntúa muy bajo, que si la de Lengua nos tiene manía (gran frase que, con diferentes sujetos, se repite cada curso), que si al de Música no lo entendemos. La lista de quejas puede ser infinita, así que tú escuchas con paciencia, tomas nota de todo y tratas de razonar mientras los ánimos se caldean y el debate se convierte en una apisonadora verbal (no nos olvidemos de la hormonas, que están ahí siempre bien presentes, para que los ánimos no se relajen) donde cada vez se oyen más sus voces y menos la tuya.

Entonces viene la duda de qué debes hacer. Si hablar con esos compañeros aludidos o no de ciertos temas. Sabes quiénes se lo van a tomar bien, quiénes van a pasar olímpicamente y quiénes se van a sentir agredidos por esos comentarios como si fueras tú quien critica su trabajo. Es algo así como cuando le pedimos a un amigo que nos diga siempre la verdad, que no se corte, que nos hable a las claras, y en cuanto lo hace nos parece un borde, un antipático y un asocial. Porque eso de que nos critiquen es estupendo cuando nos dan un diez, pero se hace más cuesta arriba cuando la nota media parece ser un cuatro.

Otra entretenida tarea del tutor es conseguir que los demás profesores del grupo le den información sobre cada uno de sus alumnos para preparar las visitas de padres. Necesitamos saber cómo son y cómo van en cada una de las asignaturas, así que nos pasamos las semanas entregando cuestionarios, fichas o cualquier otro modelo de formulario para que nos escriban sobre esos alumnos. Con alguna excepción, normalmente la lista de tópicos que leemos y escribimos es abrumadora. Las frases «debe esforzarse más», «habla mucho» y «se distrae en clase» son tres de los *megahits* que, honestamente, creo que ya escribimos por defecto. El modo en que se rellenan esas fichas dice mucho de cada profesor. Están quienes las rellenan con datos precisos y metódicos (notas de ejercicios, de exámenes, previsión de medias...), quienes hacen una especie de retrato literario (cómo es, quién sueña ser, qué emociones transmite, si fuera un animal qué animal sería...), quienes se limitan a la descripción escueta, adverbial y monocorde (se porta bien/mal, trabaja bien/mal, atiende bien/mal, respira bien/mal...) y quienes, directamente, no rellenan ni una sola de esas fichas. Estos últimos suelen ser los mismos que se indignan cuando el tutor les hace alguna observación crítica de sus alumnos, por supuesto.

Una vez que ya tenemos en nuestro poder la colección de informes individuales solo nos queda el siguiente paso: la reunión con los padres. En cuanto los conoces no necesitas que te cuenten nada más sobre tu alumno. Está todo clarísimo y suele haber una relación causa-efecto entre cómo son unos y cómo se comportan otros. Se habla de reuniones de padres por aquello de que el plural no marcado en español es el masculino, pero debería hablarse de reuniones de madres, porque a los padres, por lo general y a pesar de las excepciones (que sí, también las hay) y de que nos gustaría creer lo contrario, apenas se les ve el pelo. Luego están los casos en los que él o ella te pide, es más te exige, que no hables con ella o con él. Situaciones complicadas en las que no sabes a quién debes o puedes o tienes que avisar cuando sucede algo, porque como los padres no se hablan entre sí por la circunstancia que sea, tienes que acertar con el interlocutor legal adecuado si no quieres exponerte a una queja formal...

La reunión en cuestión siempre tiene algo de consultorio sentimental. Tú intentas ceñirte al guion y a los prolijos informes de tus compañeros, pero al tercer «debe esforzarse más», comienza la catarsis. Como catarsis se entiende el momento en que, sin saber cómo, la madre o el padre y tú acabáis hablando de la familia, la adolescencia, el paso del tiempo y el sentido de la vida en general. Te preguntas si tu licenciatura en Filología, en Geografía o en Biología te permite ejercer de terapeuta familiar y, aunque tienes clarísimo que no, finges que sí y pones cara de ser un experto en el tema adolescente aunque, en el fondo, no tengas ni idea de cómo resolver ciertos conflictos. Si, además, eres padre de un adolescente que tiene esos mismos conflictos en casa, el ejercicio catártico se vuelve aún más surrealista, aunque omitas esa información y sigas en tu pose de experimentado terapeuta.

En la reunión es importante cuidar dos aspectos. Lo primero es no leer nunca los informes de los demás profesores sin haberlos cribado antes. Porque puede suceder (y sí, esto también es real) que un compañero que no aguanta más a cierto alumno escriba que «es un petardo» o «un revientaclases» (vale, no es un comentario muy didáctico, pero a veces sí resulta muy preciso) y que el tutor, sin darse cuenta, lea la ficha a sus padres sin cambiar una coma:

—Según el de Lengua debe esforzarse más. Según la de Matemáticas debe atender más en clase. Según el de Sociales es un petardo y un revientacla...

En este caso, mientras el tutor enrojecía, tartamudeaba y casi hiperventilaba tras su metedura de pata, la madre se limitó a responder con un «Qué me vas a contar» y dejó claro que aquel era el comentario que más agradecía de todos:

—No sabes lo que me tranquiliza oír eso... Pensaba que la única a la que mi hijo ponía de los nervios era a mí.

Durante la visita de padres se puede llegar a repetir un número indefinido de veces la gran frase mágica «son cosas de la edad» como respuesta para todo:

—Está ingobernable en casa.

—Son cosas de la edad.

—No sé qué hacer con mi hijo / hija.

—Son cosas de la edad.

—Apenas se comunica con nosotros.

—Son cosas de la edad.

—Se enfada por todo.

—Son cosas de la edad.

—Se pasa las horas con el móvil y el ordenador.

—Son cosas de la edad

—Está siempre jugando a la Play.

—Son cosas de la edad.

Y así en una cadena sin fin donde cualquier tipo de afirmación puede ser respondida con la misma respuesta. Porque, a fin de cuentas, lo de que son *cosas de la edad* es una verdad como un templo y porque, aunque queramos ayudar, tampoco es sencillo hacerlo.

Dentro de la vida del tutor se incluye también un hermoso fenómeno: el de las conversaciones vía agenda. En los tiempos de internet, en el siglo de las comunicaciones *on line*, en la era de las redes sociales, ahí seguimos padres y profesores, comunicándonos agenda va y agenda viene sobre sus hijos y nuestros alumnos. Normalmente son mensajes escuetos, pero hay quien tiene una auténtica vida epistolar que da pie a conversaciones mucho más animadas. Y no digamos ya cuando se trata de justificar faltas. Entre mis favoritas la de una madre que me justificaba la ausencia de su hija con un motivo de peso:

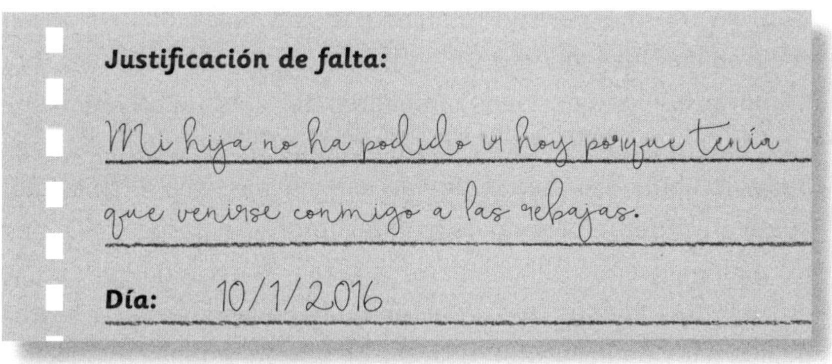
Justificación de falta:

Mi hija no ha podido ir hoy porque tenía que venirse conmigo a las rebajas.

Día: 10/1/2016

Sin duda, más que comprensible. Todo sea por favorecer la comunicación familiar y los vínculos madre-hija...

El tutor sabe que, más allá de esa agenda de cruces verbales interminables, puede ser sorprendido a lo largo del curso por cualquier otro medio de comunicación. Un correo electrónico. Una llamada. Una visita sin avisar. O si hace falta, una paloma mensajera. Lo que haga falta. Cuando eres tutor nunca estás a salvo, porque tienes treinta padres que ver a pesar de que solo dispones de una hora a la semana para atenderlos a todos, a no ser que empieces a llenar otros huecos de tu horario y, por ejemplo, renuncies a esa hora libre que te permite tomar algo ligero antes de volver al aula. Ya, pero es que este asunto es urgente... Porque un tutor enseguida aprende que todo es muy urgente. Y, lo sea o no, empiezas con tu tetris de las visitas de padres: que si a este lo puedo ver si vengo media hora antes, y a este si me quedo sin recreo, y a este si me quedo sin comer, y a este si me quedo sin dormir... Cuando te das cuenta de que tu vida personal ha desaparecido es demasiado tarde, los padres de tus alumnos son tus nuevos alumnos y empiezas a conocer sus vidas como si fueran la tuya propia.

Por supuesto, puedes no hacer nada de esto, pasar olímpicamente de todo y ser el peor tutor del mundo (que también los hay). En ese caso, tu premio será que te libren de semejante labor el curso próximo, para que alguien que sí lo hace bien cargue con ese trabajo. Una labor que incluye, entre otras tareas, convocar la primera reunión con todos los padres del curso. Ese macroencuentro —algo así como el Festival de Benicassim de la paternidad— lo abres advirtiendo de que ese día solo vais a hablar del curso en general, pero no de ningún alumno en particular. Todos los padres asienten, fingen darte la razón, te escuchan un rato y, en cuanto te confías, zas, levantan la mano y se lanzan a hablar de sus hijos en particular. Es más, se lanzan a hablar mucho de sus hijos en particular. Tanto que llegas a sospechar que algún padre cree que su alumno es el único que está matriculado en tu clase o, más que en tu clase, en todo el instituto.

Pero lo peor de ser tutor es que, además de dar mucho trabajo, de no tener ni idea de cómo hacerlo, de obligarte a enfrentar situaciones complicadas..., engancha. Otra adicción extraña que forma parte de la sintomatología del docente vocacional. O, cuando menos, del docente entregado. Habrá que hacérselo mirar.

7.
¿QUIÉN ESTÁ DE GUARDIA?

Pocas cosas hay tan divertidas en la vida docente como hacer una guardia cuando falta otro profesor. Es más, si tuviéramos que elegir entre soportar que nos clavaran punzones en los dedos de los pies o hacer tres horas de guardia seguidas, juro que elegiría lo primero, porque lo mismo en el dolor de los punzones acababa encontrando algún tipo de placer retorcido y masoquista que, en las horas de guardia, no voy a obtener jamás.

El martirio de tener que suplir a un compañero en una guardia mientras está enfermo hace que cuando este se reincorpora sientas unas enormes ganas de correr hacia él y abrazarlo. No conozco ningún otro oficio donde el regreso tras una ausencia de dos días por una simple gripe se celebre con tanta efusividad. Y es que hasta la propia expresión asusta: *estoy de guardia*. Suena fatal, sí, porque uno siente que le han cambiado la profesión y lo han convertido en policía en vez de profesor, con la ligera diferencia de que ni llevas placa, ni te han entrenado para hacer guardia alguna, ni vas embutido en un uniforme que te revista de cierta autoridad, aunque sea de manera inconsciente.

La labor de quien está de guardia consiste en *vigilar* —otra hermosa palabra— a los grupos que se han quedado sin clase porque su profesor se ha puesto enfermo, se ha retrasado por culpa de un atasco o le ha ocurrido cualquier circunstancia adversa de esas que no ocurrirían si esto fuera Finlandia, porque como todos sabemos, el tráfico finlandés no tiene atascos y sus docentes rozan la inmortalidad. Pero aquí, mala suerte, somos más débiles y a veces hasta nos ponemos enfermos, lo que en el caso de los profes de la pública se premia dividiendo nuestro sueldo de esos días a la mitad, porque se ve que cuando uno está enfermo come menos. Gracias a esta medida (empleada contra el absentismo de unos pocos y convertida en el castigo de todos), los profesores con gripe abundan en nuestros institutos desde hace un par de años, extendiendo sus virus a diestro y siniestro en un sano ejercicio de epidemia educativa que nuestros políticos animan fervorosamente desde sus cómodos sillones.

Normalmente, en cada hora de guardia hay varios docentes que se encargan de esa amena tarea de vigilancia de los grupos que se han quedado sin clase, de modo que cada vez que falta alguien, uno de esos «profesores de guardia» debe ocuparse de entrar en el aula donde se ha producido la ausencia. En ese momento, justo cuando toca elegir quién entra en según qué aulas, se descubre la verdadera personalidad del claustro. Desde el ingenuo que se ofrece voluntario siempre hasta el que, quemado por la experiencia, lleva un riguroso Excel donde anota quién entra cada día, en qué grupo y hasta cuánto tiempo permanece dentro. En ocasiones, ese es el único modo de que no te hagan luz de gas y pretendan convencerte de ese «hoy te toca entrar a ti» que los más avispados sueltan con envidiable facilidad.

La conversación entre los profesores de guardia, aun con ciertas variantes, suele ser más o menos así:

Profe A: Ha faltado la de Biología.

Profe B: ¿¿¿Otra vez???

(Normalmente esta pregunta, claramente retórica, se entona de manera muy enfática para dejar claro el subtexto, no vaya a ser que alguien no haya pillado que nos parece sospechoso que la de Biología falte todos los días a la misma hora).

Profe C: Está enferma.

Profe B: Ya. Su enfermedad de los lunes a primera hora...

(La entonación se mantiene en los mismos decibelios, con el deseo de que la acusación velada —o no tan velada— nos ayude a digerir que nos toca entrar en su aula para hacer la dichosa guardia).

Profe A: Pues hay que entrar en 3.ºC.

(Ahí suele producirse un silencio. Trágico y prolongado, digno de una película de Bergman).

Profe C: ¿Y a quién le toca?

Profe A: A uno de vosotros. Yo entré la semana pasada.

(Siempre hay uno de memoria prodigiosa que, casualmente, entró la semana pasada, incluso aunque no faltara nadie).

Profe B: ¿Seguro?

(Pero ahí está el que pone en duda la memoria del prodigioso).

Profe C: Esperad, que lo debo de tener apuntado por aquí.

(Y, cómo no, el del Excel, bendito Excel, que evita la violencia intraclaustral).

Mientras esta amena conversación se desarrolla, los alumnos siguen solos esperando que alguien llegue a cuidarles, porque está claro que en la ESO a los alumnos hay que cuidarles, sí, como si en vez de en un instituto estuviésemos en una guardería. Sobre este punto habría mucho que discutir y comentar, tanto con las familias como con la propia Administración, sobre todo cuando luego nos quejamos de que vivimos en una sociedad cada vez más infantilizada (¿nos sorprende?). El debate sobre quién entra o deja de entrar en una guardia no está exento de riesgos. Cierta compañera me contó cómo, durante los diez minutos que duró la habitual discusión, un alumno de 1.º de la ESO decidió que era una broma divertidísima clavarle una grapadora a un compañero en la mano izquierda. Por suerte todo quedó en un susto (y un par de grapas) pero el revuelo dio al traste con el resto de la mañana y le provocó una aversión a las grapadoras que todavía —me consta— no ha superado.

Profe A: No sé lo que dirá tu lista, pero la semana pasada entré yo.

(El de la memoria inmediata jamás aceptará prueba alguna, por obvia que sea, donde no figure su nombre).

Profe C: Pues lo apunté en mi Excel.

(El del Excel solo acepta su Excel).

Profe B: Venga, vale, entro yo y la próxima ya os ocupáis vosotros.

(Por suerte para todos, hay uno que acaba entrando *voluntariamente*... Alguien que, como es buena gente y responsable, no se da cuenta de que en ese Excel el único nombre que aparece es el suyo. Infinitas veces).

Pues ahí tenemos al profesor B, corriendo por pasillos y escaleras múltiples (dependiendo del centro, el laberinto puede ser más o menos entretenido) hasta que llega al aula donde debe hacer guardia. Y entonces viene el discurso habitual:

—Hola, chicos. Hoy no ha venido vuestra profesora.

Da igual que la profesora no haya ido porque le vayan a quitar una muela, porque se le haya muerto el gato, porque la haya atropellado un autobús o porque le hayan descubierto una enfermedad terminal: el grito de euforia de los alumnos es siempre el mismo. Y sí, que yo sé que nos quieren, pero en ese momento se les nota poquísimo.

—Podéis estudiar, leer o hacer los deberes de lo que queráis, pero individualmente y sin hacer ruido.

A partir de ese momento toda aula se divide en varios grupos:

- Alumnos lectores que sacan sus libros y se ponen a leer. Son los que más nos gustan: no dan un ruido, no molestan y a veces hasta sacan libros interesantes. Si la lectura elegida es un bodrio tipo *Crepúsculo, After* o similares nos hacemos los locos. Total, hay páginas y letras impresas encima. No puede ser del todo malo.
- Alumnos responsables que curran y estudian al día y que, por tanto, lo llevan todo preparado y no tienen nada que hacer en esa hora. Estos no dan la lata al principio, pero en cuanto se aburren se apuntan al cachondeo general que, normalmente, empieza enseguida.
- Alumnos no responsables que no curran ni estudian al día y que, por tanto, ni lo llevan hecho ni tienen intención alguna de hacerlo. Son capaces de hacer hablar a las mismas mesas y no hay modo de que se callen en toda la hora.

Así que el mundo pasa de dividirse en tres a sumarse en uno solo y con una única misión: hablar. Hablar de todo. De lo que sea.

Y como sea. Es más, hay un pasatiempo secreto que los alumnos practican con especial saña durante las guardias: el tanteo de límites. Se trata de jugar a ver cuánto aguanta el tipo ese que dice que ha venido a *cuidarlos*. ¿Qué hará si me levanto a tirar un papel? ¿Y si me levanto a abrir una ventana? ¿Y si pido permiso para ir al baño? ¿Y si me levanto a pedirle una grapadora a mi compañero? (La palabra grapadora es una de esas que hace que se disparen todas las alarmas: mejor usa clips). Durante la guardia, la idea de levantarse *a lo que sea* se convierte en una obsesión, como si las sillas les quemaran o albergaran un cargamento de explosivos a punto de estallar.

Los recursos del profesor de guardia son, sin duda, muy eficaces y se resumen básicamente en:

- Chistar.
- Chistar muy fuerte.
- Chistar superfuerte.
- Chistar quetecagasdefuerte.
- Decir «Callaos».
- Gritar «Callaos».
- Desgañitarse ordenando «Callaos».
- Rendirse y conformarse con un «Bajad la voz»
- Rendirse y suplicar con un «Bajad la voz».
- Rendirse definitivamente.

Normalmente todas estas etapas se atraviesan, de una en una, durante los cincuenta minutos que dura la sesión. Si fuera legal, seguramente se incluiría un último paso que oscilaría entre beber o, directamente, drogarse, pero como eso no se puede hacer dentro de un aula toca soportar el martirio a palo seco. Y, para nuestra desgracia, en plena posesión de nuestras facultades mentales.

Así transcurren cincuenta minutos inolvidables en los que el profesor en cuestión suele intentar (ingenuo de él) corregir exámenes pendientes, o preparar la siguiente clase, mientras se pregunta en qué momento de las oposiciones le dijeron que en vez de impartir su materia se iba a ocupar de gestionar un servicio de guardería para adolescentes donde una de sus labores estrella es regular quién puede o no puede salir al baño.

Por supuesto, los hay más listos, los profesores que les dicen eso de «Podéis bajar al patio», convencidos de que el patio, en vez de ser una de las aulas de Educación Física, es el sitio donde acumular adolescentes para que no molesten. Así que el profesor de deporte puede estar intentando explicar las reglas del rugby a sus alumnos mientras todo un 3.º de la ESO le llena las pistas en animada y jubilosa reunión social.

Cuando la tortura de la guardia acaba y nuestro profesor, el que se ha quedado en el aula como un campeón (no el que los manda al patio) busca al del Excel, nunca lo encuentra. Así que se promete a sí mismo que se acordará de que la semana siguiente, cuando vuelva a faltar casualmente la de Biología, ya no le tocará entrar a él, pero esos siete días bastarán para que vuelva a olvidarlo y con solo pensar en algo tan simple como una grapadora (¿habrá grapadoras en Finlandia?), correrá a cubrir la guardia en cuestión.

La ingenuidad, nos pongamos como nos pongamos, no tiene remedio. Y la responsabilidad, tampoco.

8.
EN LA CAFETERÍA

Pocos lugares hay tan salvajes en un instituto como la cafetería del centro, un minúsculo espacio donde conviven, durante los apenas veinte o treinta minutos que dura el recreo, alumnos y profesores.

Bueno, lo de que conviven es un decir, porque suelen delimitarse los espacios claramente y sin posibilidad de interacción alguna: aquí, alumnos; aquí, profesores. Durante los escasos minutos que dura el descanso da la impresión de que los segundos hubiésemos desarrollado una extraña alergia a los primeros. ¿Porque somos unos bordes? No, porque somos unos supervivientes. Sí, hemos sobrevivido a no sé cuántas horas hablando, forzando la voz, comunicando, contando, explicando, poniendo ejemplos... y necesitamos unos minutos donde no haya un solo menor de edad cerca de nosotros. Sobre todo porque siempre está el alumno que aprovecha el recreo para:

- Preguntarte una duda: este es el alumno pelota de toda la vida, sí, ese que hemos conocido todos (incluso lo hemos sido alguna vez). El alumno que piensa que cuantas más dudas tenga sobre tu asignatura, más lo vas a querer. Y da igual que le digas que no es así o hasta que le confieses que estás a punto de pedir una orden de alejamiento: él seguirá asaltándote con dudas hasta que acabe el curso.

- Consultarte sobre una fecha: desde en qué día es el siguiente examen hasta la fecha límite para entregar un trabajo, todo vale con tal de no mirar su agenda o preguntar a un compañero. Mucho mejor interrumpir tu café para hacerte correr al departamento, mirar tus cosas y darle por enésima vez (porque en clase has dicho la fecha hasta el dolor) el mismo dato.

- Contarte un problema: tiembla. Sí, tiembla. Porque los problemas que se cuentan en el recreo nunca son fáciles de resolver y siempre tienen infinitas ramificaciones. Ahí puedes optar entre ser un valiente y afrontarlo en ese mismo instante o prolongar un poco más tu felicidad y decirle al alumno que te busque después, en cuanto suene el timbre. Es como lo de poner el despertador dos veces: puedes esquivar el primer golpe, pero sabes que nunca podrás escapar del segundo.

- Socializar: este es el alumno colega, el que de repente se piensa que como eres cercano y enrollado (si lo eres, claro está) puede bromear contigo como si os fuerais de copas todos los fines de semana. Es más, alguno de Bachillerato me ha invitado, a mitad de curso, a que me apunte con ellos de botellón y, teniendo en cuenta lo duro que se puede hacer el curso escolar, lo mismo tenía que haberles dicho que sí.

Por todos estos motivos (y alguno más), los profesores se sientan en la cafetería en una zona solo para ellos (a la que solo nos falta ponerle unas vallas electrificadas) y exigen a los alumnos que no traspasen una línea invisible que nadie ha dibujado pero todo el mundo ve con claridad. Entretanto, en una barra no muy lejos de allí, los alumnos luchan —literalmente— por su supervivencia (Darwin habría tenido mucho que decir al respecto), intentando comprar algún bollo industrial, o algún refresco hipercalórico, o alguna bolsa de sustancias amablemente tóxicas de esas de las que nos ponemos ciegos todos cuando somos adolescentes (incluso cuando dejamos de serlo) y que ellos han de conseguir comprar en solo veinte minutos. No importa lo que suceda, los profesores seguimos impertérritos agarrados a nuestro café como si no hubiera mañana mientras los pobres de 1.º de la ESO se juegan la vida por una bolsa de Doritos entre los gigantes de Bachillerato.

El propósito básico de todo alumno cuando suena el timbre del recreo es:

- Salir de clase el primero.
- Llegar a la cafetería el primero.
- Colocarse en la barra el primero.
- Comprar el bocata el primero.
- Salir al patio el primero.

El objetivo de tantas prisas, en realidad, tiene su sentido: quien sea el primero podrá disfrutar de más minutos de libertad. Suena duro, lo sé, pero la vida es como es. Y otra cosa no aprenderán en la ESO, pero que la vida es durilla sí que les queda bastante claro.

Así que, como entre los mil alumnos del instituto solo puede haber *un primero*, la lucha por la vida se impone. Todo vale para lograr el objetivo (que me río yo de *Los juegos del hambre*) y, cómo no, siempre salen perdiendo los mismos: los de 1.º de la ESO. Resulta entre dramático y enternecedor verlos mirar las chuches con los ojos tan abiertos y vidriosos como el gato de Shrek mientras los de Bachillerato pasan por encima de ellos como si fueran Gulliver pisoteando Lilliput (uno de los primeros casos de *bullying* literario) y condena a los pequeños a ser los últimos. La única esperanza para los de 1.º es que pasen los años y vengarse, cuando sean bachilleres, taponando a quienes entonces empiecen la Secundaria.

La ley de la selva funciona como un reloj y no hay profesor que medie en ella, como si durante el recreo se nos olvidara lo que hacemos allí y nos pareciera normal el evento tribal que se celebra cada día. De todos modos, resulta difícil culparles de tener la necesidad de moverse un poco después de haber resistido como campeones tres conferencias seguidas, que no nos ponemos en su lugar y en lo que sería amanecer un lunes y que alguien te meta entre pecho y espalda un discurso sobre Carlos V, otro sobre el sintagma adjetival y otro más sobre la fotosíntesis. Ahí es nada.

En medio de este simulacro diario de *El señor de las moscas* (no sé cómo Golding ambientó su novela en una isla en vez de en una cafetería de instituto), también hay profesores que tienen la capacidad de darse cuenta de qué alumnos no pueden comprarse nada y jamás aparecen por allí. Alumnos que nunca compran en el bar porque en casa las cosas no van bien. Porque no hay dinero. O porque sobreviven en hogares que no merecen ese nombre donde son, en el mejor de los casos, invisibles. Y conozco a más de uno de esos profes que acaban responsabilizándose de pagar de su bolsillo el bocata de esos chicos. O las chuches. E incluso institutos que destinan parte de su presupuesto a que eso sea posible. Son los mismos docentes que se niegan a hacer excursiones si no van todos los alumnos y, para que ello suceda, a menudo pagan el viaje de su bolsillo. Los mismos que piden dinero al Consejo Escolar y a la AMPA para que financien esas actividades para los alumnos con problemas. De esos docentes normalmente no se habla, porque lo suelen hacer con discreción, sin que se note, como se hace todo lo que realmente importa.

En cuanto a la zona de profes dentro la cafetería, es esencial (y complicadísimo) saber dónde puedes y no puedes sentarte. Es igual que en esa típica escena de instituto americana donde un estudiante entra con su bandeja y no sabe dónde quedarse. O en las películas de cárceles que, no sé por qué, se parecen mucho a las películas de instituto... En mi primer año recuerdo un recreo entero que pasé dando vueltas, de mesa en mesa, con mi café y sin atreverme a sentarme en ninguna de ellas. Por supuesto, el café acabé tirándomelo encima justo después de hacer el amago de colocarme en distintas mesas y recibir en todas ellas una mirada de «¿Pero tú quién eres?» que me disuadió de intentarlo en cada una de ellas. Conocer dónde, con quién y cómo te debes sentar en la cafetería es casi tan complicado como organizar una mesa de gala en un episodio de *Downton Abbey*.

Tampoco vendría mal un manual que explicase a los menos intuitivos por qué, en ciertas ocasiones, no se pueden sentar en ciertos sitios. Y no porque uno sea un asocial, sino porque a veces se busca dentro de esa cafetería un reducto de intimidad donde contarle algo a un compañero con el que tienes un nivel mayor de confianza que con el resto. Pues bien, no importa cuánto bajes la voz, ni cuánto gires la espalda, ni cuánto marques físicamente el mensaje «Esto es una conversación privada»: siempre vendrá alguien a sentarse con vosotros, impidiendo que cuentes a tu amigo lo que ibas a contar, cortándote el rollo y anulando cualquier posible desahogo, de modo que en cuanto suena el timbre entras en la siguiente clase cabreado, frustrado y con ganas de pagarlo con el primero que hable o, mejor aún, con el primero al que veas con un chicle. Si es con un chicle (intentaremos explicar ese acendrado odio en próximos capítulos), muchísimo mejor.

9. LAS PRUEBAS EXTERNAS (O CÓMO JODER —DEL TODO— EL CURSO)

Si hay algo capaz de romper el ritmo del curso y, es más, de arruinarlo por completo, ese algo son las pruebas externas. Basta con dos palabras para que todo se arruine y tu trabajo, tus ganas y tu entusiasmo se desinflen sin remedio: PISA y Selectividad.

PISA. Cuatro siglas, una palabra breve, aparentemente inocente que, sin embargo, encubre una oscura realidad. En esencia, no es más que un programa internacional de evaluación de alumnos, es decir, un conjunto de estándares que se deben analizar para saber cuál es el nivel de los alumnos y poder valorar de manera (supuestamente objetiva) las diferencias entre países, métodos y sistemas educativos. Por supuesto, en Finlandia lo petan. Y aquí, bueno, aquí es que no somos nada Finlandia, qué le vamos a hacer...

Y ¿cómo se pueden medir esos estándares? Pues sí, exactamente como estáis pensando: ¡con más exámenes! Más hojas que rellenar para los alumnos y que corregir para los profesores, que en ese momento del curso ya van por su segunda o tercera caja de Eddings rojos (y otras tantas de valerianas). Pruebas que plantean a veces actividades tan apropiadas como dictar fragmentos del *Quijote* a chavales de trece años (la cantidad de métodos que se nos han ocurrido para conseguir que odien a muerte a Cervantes es asombrosa) y que someten a los institutos a una presión absurda, porque saben que sus resultados servirán para hacer ránkings de los mejores centros, los peores centros y los centros regulares.

En cuanto esas pruebas se corrijan y se hagan públicos sus resultados, no tardarán en aparecer cifras sesgadas, titulares grandilocuentes y noticias de prensa en las que más de un medio se regodeará en lo poco que saben los alumnos de la ESO sin atender a si las pruebas son o no adecuadas ni pensar por un solo momento en que la realidad sociocultural de cada centro es muy diferente entre sí. ¿Podemos medir con un mismo examen el nivel de aulas donde los alumnos apenas hablan español y viven en una situación social adversa que el de un centro donde los estudiantes cuentan con toda suerte de medios y de apoyos en casa? Todo eso importa poco (más bien nada), así que con esas pruebas externas supuestamente destinadas a mejorar la calidad educativa solo se consigue interrumpir el ritmo del curso, presionar al claustro para no quedar los últimos en el *hit parade* escolar de turno y dar lugar a conclusiones precipitadas y de lo más variopinto.

Cada vez que surge una de estas pruebas —cada Comunidad tiene sus particulares formas de aplicarlas, a cual mejor—, hay que parar el curso y dedicar tiempo a prepararla, para que nuestros alumnos, tengan o no el nivel requerido, sí que parezca que lo tienen. Una gran idea, sin duda, porque cuando crees que te has hecho con tus grupos, cuando empiezas a conocerles, cuando comienzas a hacer cosas con ellos que merecen la pena, alguien te planta un modelo de examen y tú te dedicas a entrenarles para que salten las pertinentes vallas que se van a encontrar en él.

Pero, por encima de todo, el premio a la disrupción se lo lleva otra palabra: Selectividad. También conocida como PAU (Prueba de Acceso a la Universidad) y fuente inagotable de rumores (que si la quitan, que si la cambian, que si la vuelven a quitar, que si la vuelven a poner, que si la dejan como está), este macroexamen es el gran fantasma del Bachillerato. Un mecanismo de selección más cruel que el jurado de un *talent show* y que con su sola presencia al final del curso consigue arruinar cualquier tipo de estímulo de aprendizaje en los alumnos y de enseñanza en los docentes. Según la LOMCE desaparecerá en breve convertida en reválida, pero tanto si la suprimen como si se mantiene, ahora mismo es un fantasma que amarga la vida de todo alumno de 2.º de Bachillerato que se precie. Y me da que la reválida por la que pretenden cambiárnosla no va a mejorar mucho las cosas...

Aún recuerdo la ilusión con la que afronté la primera vez que pude dar clase de 2.º de Bachillerato. Porque no, no es nada fácil que la célebre rueda, cuando eres el último, te deje disfrutar de ciertos niveles. Supuestamente más cómodos porque la disciplina ya no es un problema. Supuestamente más interesantes, porque son más maduros y han elegido el camino que quieren seguir. Supuestamente más motivadores, porque puedes profundizar más en tu materia. Pues muy bien, lo primero que descubrí al llegar a Bachillerato es que había que cambiar ese *supuestamente* por *ni de coña*: el curso se convierte en una especie de maratón donde lo único importante es llegar con el temario completo al final y practicar, tanto como sea posible, un sinfín de modelos de examen. Así que me vi haciendo malabares para poder compaginar el fascinante aprendizaje de *Cómo aprobar la selectividad* con los contenidos que realmente me parecían importantes y que quería compartir con mis alumnos.

Lo primero que le dije a mi grupo, nada más empezar el curso, fue que no iba a pronunciar más la palabra Selectividad y que, de ahí en adelante, nos olvidaríamos de ella. Por supuesto, tardé aproximadamente unos cinco minutos en incumplir esa promesa, otros cinco en volver hacerlo y otros cinco más en darme cuenta de que, en 2.º de Bachillerato, la palabra *Selectividad* aparece —aproximadamente— una vez cada tres frases. A veces más. Así que el curso que podía ser el más interesante y adulto de todos se convierte en un decatlón académico donde los profesores lo único que hacemos es intentar dar fórmulas mágicas para superar exámenes, como si fuéramos miembros de Hogwarts que tuvieran en su poder los hechizos secretos con los que abrir las puertas de la Universidad.

—Esto se resuelve así.

—Esto se comenta así.

—Esto se contesta así.

—Esto se pone así.

Segundo de Bachillerato es el curso del *así*. No dices otra palabra en todo el año. Bueno sí, también dices Selectividad, pero es que las dos van en el mismo enunciado:

—En Selectividad esto se resuelve / comenta / contesta / pone así.

También puedes sumar Finlandia, eso siempre:

—En Selectividad esto se resuelve / comenta / contesta / pone así, porque como esto no es Finlandia...

Bachillerato, tal y como está planteado ahora, es un curso donde no educas alumnos: los entrenas. Solo nos falta un silbato y unas cuantas sardinas frescas para que, cada vez que hacen bien la prueba en cuestión, se las lancemos como si fueran las focas del zoo. Normalmente, dar clase en Bachillerato es *un placer*, porque uno se desplaza entre zombies que dicen ser alumnos y a quienes reconoces porque se parecen, entre ojeras que les llegan hasta los pies, a los chavales que conociste en la ESO. Entre los que se ponen ciegos de café para estudiar toda la noche y los que se levantan a las tres para repasar, en Bachillerato no pega ojo ni dios, cosa que, por supuesto, favorece un clima relajado y muy sano de aprendizaje.

El alumno de Bachillerato se pasa el curso prometiéndose que va a ponerse al día «el próximo puente», «el fin de semana» o «en vacaciones». Normalmente llega mayo sin que eso haya ocurrido, como es natural, y ahí es cuando recurre al insomnio contumaz hasta que consigue ingerir todos los apuntes de todas las materias, que los profesores hemos contado a ultravelocidad para no dejarnos ni un solo tema y asegurarnos de que todo ha quedado explicado. No sabemos si ha quedado entendido, pero explicado está, que para eso nos pagan.

Por supuesto, la PAU es, al lado del Bachillerato en sí, un juego de niños. No es raro que la mayoría —una inmensa mayoría— apruebe, pues sin han sobrevivido a nueve meses de tortura psicológica colectiva, es natural que estén preparados para afrontar una última barrera. Esa barrera que se ha repetido unas 20 veces por hora de clase cada día del curso:

—Esto hacedlo así en Selectividad.

Esto no creo que os lo pregunten en Selectividad.

—Acordaos de esta fórmula en Selectividad.

—No os olvidéis de ponerlo así en Selectividad.

Y de repente, como profesor de Bachillerato, puede que empieces a desarrollar un desprecio subconsciente hacia cualquier cosa, animal o persona que no esté en Selectividad. Puede ser un tema de libro, un amigo de la infancia o hasta tu pareja: si no lo van a preguntar en Selectividad, es que no importa.

Por último, entre las pruebas externas, hay que hacer una alusión especial a uno de esos momentos que solo se pueden explicar desde el más refinado sadismo: los exámenes de los premios extraordinarios. ¿Y qué son? Pues un regalazo que se ofrece a los mejores estudiantes de ESO y Bachillerato que, ya que se han dejado la piel estudiando durante el año, ahora que sabemos que tienen buenas notas se les da la oportunidad (envidiable, por otra parte) de ser premiados si... ¿Adivinan? ¡Exacto! Si se presentan a otro examen más. Total, ya puestos... ¿Quién no querría como premio a su esfuerzo de todo un curso que le regalasen más exámenes? Solo por evitar semejante galardón ya darían ganas de no destacar en clase. Nunca y bajo ningún concepto. Por si acaso.

Así que, además de tener que batallar con algunos programas infumables que parecen sacados del *trivium* y el *quadrivium* medieval, soportar reformas irreflexivas que se implantan sin medios, sin criterio y, peor aún, sin información suficiente, y asumir contenidos desbordantes que nos hacen preguntarnos de dónde sacar tiempo para llegar al final del temario sin morir (nuestros alumnos y nosotros mismos) en el empeño, sí, además de todo eso también hay que sumar exámenes y pruebas que desvirtúan la realidad del aula y que hacen que, a veces, se pierda lo que se podría sacar realmente de ella. Pero ahí seguimos, con la boca llena de palabras como atención a la diversidad y, en la práctica, sometiendo al mismo tipo y modelo de examen a todo el mundo, creyendo que PISA es algo así como la Biblia educativa y defendiendo que lo justo es que todo sea igual, cuando seguramente lo justo es que todo sea equitativamente distinto, adecuado según niveles, capacidades, realidades y situaciones.

10.
LAS SESIONES DE EVALUACIÓN

Pocos momentos son tan esperados cada trimestre. Se trata de reuniones que se celebran (y no en la acepción festiva del verbo *celebrar*, precisamente) al final de cada evaluación para poner en común las notas de cada alumno en todas las materias. De este modo, durante tres o cuatro días se reúnen todos los profesores de cada curso (1º.A, 1.ºB, 1.ºC, etc.) y hablan (a ser posible, todos a la vez y atropelladamente) durante unos cincuenta minutos de los alumnos del curso en cuestión.

La idea tiene sentido y, más aún, es necesaria, porque se trata de buscar soluciones a posibles problemas y valorar el aprendizaje de los estudiantes. Una idea genial, sí, pero que en la práctica (al menos aquí, porque seguro que en Finlandia lo clavan) se resume en algo mucho menos útil de lo que debería. Y es que si contamos con una media de 25 alumnos por aula (tirando por lo bajo), obtenemos que en cincuenta minutos de sesión apenas tendremos dos minutos para cada estudiante. Por supuesto, esta regla tampoco se cumple y se comete lo que podríamos bautizar como *la injusticia alfabética*. ¿En qué consiste? En que los alumnos que se apellidan por las primeras letras del abecedario son evaluados de arriba abajo mientras que aquellos que tienen la mala suerte de llamarse Ramírez, Solano o, no digamos ya, Zenón y Zuloaga pasan sin pena ni gloria por la sesión de evaluación, donde si se les llega a mencionar ya pueden darse con un canto en los dientes.

Quien más tiempo se lleva en cada junta es, siempre, el alumno que menos lo merece. Ni el que tiene problemas reales. Ni el que ha destacado por su trabajo. Ni el que sobresale por su buena disposición. No, qué va, el alumno en el que perdemos la mitad del tiempo que dura la junta es el más pesado de todos, ese que nos ha intentado arruinar cada clase y del que necesitamos hacer una terapia de grupo que no sirve para nada, pero nos permite desahogarnos. Durante esos minutos no se avanza, no se ayuda y no se evalúa, pero la salud mental del docente lo agradece mucho. Eso es así.

También está el momento en que la sesión evaluadora se convierte en la versión escolar del *Corazón* de TVE, con los correspondientes comentarios sobre si fulanita de 3.ºB está saliendo con menganito de 4.ºA o si los padres de no sé quién se están divorciando. Todo se supone que tiene una clarísima incidencia en las notas que se están comentando, pero a veces aquello parece más el comité de redacción del *¡Hola!* que una reunión docente. En cierta ocasión recuerdo que, ante las malas calificaciones de un alumno de Bachillerato, su tutora insistió en que había que tener en cuenta que sus padres se habían divorciado y el chico lo estaba pasando muy mal:

—¿Pero cuándo ha sido lo del divorcio? ¿A principio de curso? —preguntó alguien.

—No, este curso no —respondió la tutora.

—¿Y entonces cuándo?

—Hace nueve años.

Pues vivir nueve años refugiándose en la misma excusa para no pegar ni palo, que era lo que hacía el alumno en cuestión, sí que tiene mérito, la verdad...

Al final de las juntas de evaluación se suelen tomar conclusiones sorprendentes, originales, novedosas y, sobre todo, muy prácticas:

—Tienen que estudiar más.

—Tienen que esforzarse más.

—Tienen que trabajar más.

—Tienen que atender más.

A menudo se echa en falta que ese *tienen que* se cambie por un *tenemos que*, pero los profes que defendemos la necesidad de la autoevaluación no solemos congregar, precisamente, el entusiasmo de ciertos colegas. Recuerdo una encuesta en la que, desde Jefatura de Estudios, se proponía a los alumnos valorar *si explicábamos bien la materia* y el revuelo que se organizó en el claustro ante semejante propuesta, pues los alumnos —opinaban algunos— «no eran quiénes para decidir si explicábamos bien o no». Y, en fin, no digo yo que no haya que tomar con cautela cualquier opinión (venga de quien venga), pero quizá la de los alumnos, en este asunto, sí tenga algún tipo de importancia... Por aquello de que les explicamos los temas a ellos, más que nada.

También cabe la opción de entrar en comparaciones ridículas, como la de cada alumno con todos sus hermanos y hermanas, especialmente si también han pasado por el centro y les hemos dado clase en cursos anteriores. En cierta ocasión, en la sesión de evaluación de dos gemelos que tenían una media de 10 el primero y de 9,8 el segundo, cierto profesor, con una sensibilidad y un sentido del tacto exquisitos, afirmó que «evidentemente» el segundo «era el más mediocre de los dos». Si alguien con una media en Bachillerato de 9,8 es mediocre, ya nos gustaría que todos nuestros alumnos tuviesen siempre ese nivel de mediocridad...

Lo cierto es que ignoro si habrá alguien que disfrute de estas sesiones de evaluación, que son algo así como las juntas de vecinos pero a lo bestia y multiplicadas por decenas de cursos diferentes, pero la mayoría las afrontamos con la misma resignación con la que vamos al dentista o pasamos la ITV del coche. Y no solo porque tal y como están planteadas dudemos de su utilidad, sino por el festival de estribillos conocidos que se repiten en todas ellas. Aquí está un posible ránking de las frases más oídas en cualquier sesión de evaluación. Es más, si cada vez que suena una de ellas, los profesores nos bebiésemos un chupito, salíamos de allí con la borrachera del siglo. Y mucho más contentos, qué duda cabe...

La queja que más se repite:

No trabaja.

Utilidad: desconocida. Solo sirve para tener algo que decir cuando no tenemos nada que decir. No aporta ningún tipo de solución pero da la sensación de que se evalúa bien y mucho.

El comentario (sobre los alumnos) que nadie necesita:

Se ha enamorado.

Utilidad: ninguna. No aporta dato relevante alguno, pero ameniza y da pie a todo tipo de anécdotas sobre la vida sentimental en el instituto.

El comentario (sobre los padres) que nadie necesita:

Sus padres son encantadores / muy pesados.

Utilidad: se ignora. Pero ya que ellos opinan sobre nosotros parece que es el momento adecuado de opinar también sobre ellos. Y si se puede aportar alguna anécdota, muchísimo mejor.

El comentario (sobre los padres) que nadie necesita (bis):

☞ *Sus padres es están divorciando / se han divorciado / están divorciados.*

Utilidad: discutible. Se asume que si los padres se están divorciando el alumno lo está pasando mucho peor que otro cuyos padres siguen sin divorciarse aunque no se soporten. Si se tiene algún dato más (una nueva pareja, por ejemplo), se relata con generosidad.

La verdad irrefutable:

☞ *Es una edad difícil.*

Utilidad: nula. Pero lo decimos tan a menudo que ya forma parte de nuestro vocabulario habitual. Es más, se puede reconocer a un profesor porque, sin venir a cuento, te puede responder a un «¿Qué te apetece cenar hoy?» con un «Es una edad difícil».

El análisis IKEA:

☞ *Es un mueble.*

Utilidad: catártica. Tampoco sirve para nada, pero después de pasarte meses intentando en clase que ese alumno responda, hable, participe o, por lo menos, dé señales de que respira, es necesario soltarlo en la junta de evaluación para comprobar que también está en ese mismo estado tipo seta con los demás docentes.

Cuando te da rabia que aprueben sin tocar un libro:

☞ *Es la ley del mínimo esfuerzo.*

Utilidad: inexistente. Como si los demás no quisiéramos que nos cundiera mucho haciendo menos... En realidad, esta frase se traduce cómo «No pega ni chapa pero aprueba» o, más concretamente, «Me fastidia que sin pegar ni chapa, apruebe».

Cuando les apruebas porque te caen bien:

☞ *Es buena persona.*

Utilidad: confesional. Sabes que no debería haber aprobado, sí, lo sabes, pero te sonríe en clase, es educado, es puntual, trae los deberes hechos (mal, sí, pero hechos) y no has tenido corazón para suspenderlo aunque te haya situado Soria en las Baleares. Qué importa patinar en Geografía (total, ya se apañará con Google Maps) cuando se es buena gente. En este caso, el sistema de aprobado se basa en el número tres: se les suspende en la primera evaluación, porque no saben; se les suspende en la segunda evaluación, porque siguen sin saber; se les aprueba en la tercera, porque aunque han demostrado que no saben absolutamente nada, son buena gente.

Cuando da lo mismo que les apruebes o no:

☞ *Este pasa de curso igual.*

Utilidad: cero. No sirve ni como catarsis, pero lo dices. ¿Y por qué? Pues lo dices porque ese alumno lleva todo el año tocándote las narices. A ti, a tus compañeros, a los demás alumnos, a los padres de los alumnos, a los conserjes y hasta al reponedor de donuts de la cafetería. Sabe que da igual lo que haga y que pasa de curso por imperativo legal (el famoso PIL). Su motivación es, en general, más bien limitada.

La segunda queja que más se repite:

☞ *Tiene que esforzarse más.*

Utilidad: abstracta. No queda claro en qué tiene que esforzarse ni qué es ese *más*, pero queda estupendamente en el boletín de notas. Suele ir acompañado de «la ley del mínimo esfuerzo» con el que forma un tándem casi indisoluble.

Cuando sacamos a la profesora de Fama que llevamos dentro:

Podría sacar mejores notas.

Utilidad: condicional. Podría, debería, tendría que... Lo mejor de esta frase es que se puede utilizar en cualquier momento: alguien que saca un 5 podría sacar un 6, alguien que saca un 6 podría sacar un 7 y así hasta el 10, donde he oído a algún despistado repetir esa misma coletilla esperando que el alumno saque un 11.

La justificación condescendiente:

Le cuesta.

Utilidad: compasiva. Si se pronuncia a la vez que «Es buena persona», forma un binomio de éxito seguro: *Le cuesta + Es buena persona = lo / la apruebo como sea*. El verbo *costar* es, en este caso, el más políticamente correcto que se puede oír en una junta de evaluación. El resto de sinónimos mejor los dejamos (aunque son fáciles de imaginar...).

Cuando poder no es querer (y viceversa):

Puede pero no quiere.

Utilidad: potencial. Es la némesis de *Le cuesta* y su fórmula, la contraria: *Puede pero no quiere + Es la ley del mínimo esfuerzo = No le regalo ni una décima*. A veces llama la atención cómo empujamos a alguien con un 3 para que pase a un 5 y lo jodido que se lo podemos poner a otro con un 7 para que pase a un 8. Eso de poder pero no querer, admitámoslo, nos toca la autoestima: que puedan pero no nos quieran, o por lo menos, no nos quieran lo bastante para esforzarse más en nuestra asignatura, nos fastidia un montón. Y si prefieren a otros, con quienes sacan los sobresalientes que no obtienen en nuestra clase, mejor ni hablar... Es algo así como el despecho sentimental, pero en vertiente académica.

La fórmula que lo explica todo:

☞ *TDAH*

Utilidad: científica. Siglas de Trastorno por Déficit de Atención e Hiperactividad. Entre los que están diagnosticados como TDAH, los que los profes creemos que podrían estarlo, los que los padres niegan que lo estén y los que los padres afirman que lo están, es la palabra más repetida en toda sesión evaluadora que se precie. Por supuesto, siempre hay un profesor de los que hizo la EGB que aporta el interesante comentario «en mis tiempos no había de eso y mira qué bien hemos salido». A veces basta con mirar al nostálgico en cuestión para darse cuenta de que bien, lo que se dice bien, quizá no hayamos salido todos...

La comparación fraternal:

☞ *No es como su hermano.*

Utilidad: fratricida. Seguro que lo de Caín y Abel pasó justo después de que, en una junta de evaluación, pusieran a caer de un burro a Caín en comparación con el repelente de Abel. Pues lo mismo pasa cuando en las evaluaciones se compara a alguien con su hermano. Puede ser un hermano que esté en el centro en el mismo curso, en otro curso, que haya estado en el centro en el pasado o que ni siquiera haya estado nunca allí pero que se intuya que, por narices, tiene que ser mejor. Esto de la evaluación por contraste no sirve para nada, pero puestos a alimentar complejos y malos rollos familiares sí que tiene su aquel.

Cuando te quieren dejar en evidencia:

☞ *Pues a mí me trabaja.*

Utilidad: sádica. Da igual que el alumno al que se evalúa no haya ido a clase en todo el trimestre o que tenga un récord de ceros en su historial, siempre puede haber alguien que opine lo contrario. Y lo mejor es ese «A mí» (lo que puede pesar un simple pronombre) donde está claro que alguien está haciéndolo bien mientras que otros (y no miramos a nadie) están haciéndolo fatal...

Cuando te quieren volver a dejar en evidencia:

☞ *Pues conmigo se portan bien.*

Utilidad: re-sádica. Por si no ha quedado claro que alguien lo hace mal, se añade también la cuestión de la disciplina. Ya puede ser el grupo que más partes de Jefatura acumule en el instituto que hay alguien con quien se portan estupendamente. Y sí, todos hemos dicho esa frase en alguna ocasión. Y hemos disfrutado lo nuestro diciéndola.

Quizá si las reuniones de profesores por grupos y niveles no se limitaran a este apresurado y concentradísimo festival evaluador, donde en apenas tres o cuatro días se analizan los resultados de todos los alumnos del centro, esos encuentros sí que serían útiles. Pero antes habría que ampliar las plantillas, reducir las horas lectivas, buscar huecos comunes y, en fin, cambiar circunstancias que, tal y como está concebido el sistema (el nuestro, no el finlandés), ahora mismo son casi imposibles. Así que ahí seguimos, evaluando en plan Eurovisión de *one* a *ten points* y con tópicos tan manidos como el *Seguro que Portugal nos vota* de rigor.

11. ¡VIVA EL VOLUNTARISMO!

Seamos sinceros. Todos hemos tenido tres grandes tipos de profesores:

- Profesores a los que hemos olvidado.
- Profesores a los que nos gustaría olvidar.
- Profesores que no olvidaremos nunca.

Los primeros pasan sin pena ni gloria y son la gente gris que encontramos en cualquier otra profesión. En la enseñanza se les echa en cara que «no tienen vocación», algo que no deja de ser curioso. Nunca he oído a alguien quejarse a alguien de un panadero porque «no tiene vocación» ni de un conductor de trenes porque «no tiene vocación». A los docentes, sin embargo, se nos presupone que hay una llama mística que se enciende en nuestro interior (a fin de cuentas, recordemos que *vocación* significa *llamada* y procede del lenguaje religioso) y que, una vez que se nos aparece san Pedagogo, nos lanzamos todos como iluminados por el camino de la educación.

Aparte de que no he tenido revelación mística alguna (pero lo mismo eso es solo cosa mía), tampoco tengo claro si lo vocacional es lo bueno: hay muchos modos de ser un buen profesor y seguramente la profesionalidad no tenga nada que ver con tanto misticismo. En mi caso, en plena adolescencia me dio por decir que tenía muy claras dos cosas: nunca sería ni escritor ni profesor. Y sí, como es obvio, hice pleno... Que este trabajo tiene mucho de pasión, seguro. Que esa pasión se despierta con el propio oficio, también. Y en todo eso no tengo nada claro que la vocación juegue papel alguno. Es más, si alguien me hubiera advertido de lo que podía enganchar la enseñanza no le habría creído, porque la vida en el aula tiene sus momentos duros, pero también otros tantos que hacen que quienes disfrutamos dando clase lo hagamos de verdad.

El segundo grupo, el de los profes que querríamos olvidar es de los docentes tóxicos, esos seres que nos hacían la vida imposible cuando éramos alumnos y que consiguieron que odiásemos sus asignaturas, incluso cuando nos gustaban (lo que tiene aún más mérito). Recuerdo cierto profesor que, en 2.º de Bachillerato (bueno, vale, hice COU, sí, soy de la generación que aún hizo COU), pues eso, que aquel año en el que supuestamente ya estaba a punto de estudiar Filología y dedicarme solo a lo que me gustaba, la Literatura, me tocó como profesor de esa asignatura a un ser resentido con el mundo (y de esos también hay unos cuantos), básicamente porque el mundo (tan cruel como cantaba Jeanette) no había sabido ver en él al hombre brillante que él (y solo él) debía de encontrar en el espejo cuando se miraba. Así que, para compensar tanta injusticia cósmica, disfrutaba humillándonos con preguntas que entonces no podíamos responder (del tipo: «¿Me explicas la relación entre Schopenhauer y la narrativa de Unamuno?»). Estuve a punto de no hacer Filología gracias a él y la primera vez que entré en un aula para dar Literatura en Bachillerato pensé en evitar, a toda costa, parecerme a aquel tipo. Por eso practico con convicción lo del refuerzo positivo (eso de buscar el acierto incluso dentro del error) aunque a veces, creo, todos nos pasamos de positivos, haya o no haya acierto: «Muy bien, sí. Aunque... Bueno, el poema no es de Garcilaso como dices, ni habla del tema que propones, ni siquiera es un texto renacentista... Pero sí, por lo menos es un soneto. Eso es verdad».

Y el tercer grupo, el de los profesores que no olvidamos, es el que realmente nos marcan. Y quizá sean una minoría, aunque no sé si todos los oficios tienen un grupo tan especial como este. Tan entregado. Y tan voluntarista... Gente que se deja la piel en la aula, que trabaja muchísimo por sus alumnos, que se apasiona con lo que hace y que, normalmente, no cobra ni un duro a cambio de todo su trabajo extra. «Va en el sueldo», es una de las razones que se les dan. «Pero te llevas el cariño de los alumnos», es la segunda. Y sí, ese cariño claro que existe y que es un sueldo imposible de agradecer, pero no estaría de más remunerar de otro modo (con salario, con créditos, con horas libres) el trabajo de quienes dan vida a los centros con todo tipo de actividades e iniciativas.

COSAS QUE PUEDE HACER —GRATIS— UN PROFE VOLUNTARISTA:

Organizar una semana cultural.

★

Organizar un torneo deportivo.

★

Crear, coordinar, editar, publicar y hasta repartir la revista del centro.

★

Crear y coordinar el grupo de teatro.

★

Coordinar la participación en Olimpiadas escolares de todo tipo: de inglés, de debate, de ciencia, de economía...

★

Organizar programas de convivencia.

★

Coordinar talleres de convivencia.

★

Preparar salidas extraescolares en horario escolar.

★

Preparar salidas extraescolares fuera del horario escolar.

★

Preparar viajes de estudios.

★

Acompañar en viajes de estudios.

★

Organizar actos de graduación.

★

Coordinar las actuaciones de los actos de graduación.

★

Preparar los conciertos de los actos de graduación.
(Los actos de graduación, como se ve, llevan mucho trabajo).

★

Organizar la biblioteca escolar.

★

Buscar fondos para la biblioteca escolar.

★

Clasificar los títulos de la biblioteca escolar.

★

Ampliar el catálogo de la biblioteca escolar.
(La biblioteca escolar, como las graduaciones, también lleva
la leche de trabajo. Y encima, con unos presupuestos
que no dan ni para hacerse con los primeros números
de un par de colecciones por fascículos).

Y así podríamos seguir con una lista interminable de infinitivos de la que se sacan dos grandes conclusiones: las tareas que se hacen voluntariamente son muchas y quienes las hacen voluntariamente son... pocos. Porque ya nos gustaría que todo el claustro se implicase en estas cosas pero tampoco nos vamos a engañar. Los que hacen esto son, básicamente, siempre los mismos. Así que tenemos a un profe que lo mismo te organiza un torneo de debate, que una versión dramática del *Lazarillo* que un solo de violín en la graduación de 4.º. O una profe que prepara la Olimpíada de Matemáticas a la vez que organiza el torneo de volley y maqueta el periódico del instituto donde, supuestamente, colaboran mogollón de alumnos y del que ella se acaba escribiendo la mitad de las páginas... Entre el masoquismo y la múltiple personalidad, este perfil docente existe, por suerte, en todos los centros, aunque su supervivencia está constantemente amenazada por el compañero al que le parece mal que se haga todo esto, el padre que tampoco está muy de acuerdo con según qué actividades y el sistema que no reconoce nada que no sean exámenes, notas, notas y exámenes.

Pero si algo diferencia a un instituto de otro es lo que se hace fuera del horario escolar... Todo lo que no está en el horario y que, sin embargo, constituye la vida del centro. Quizá por eso hay quienes se implican tanto. Esa gente-orquesta a la que sus alumnos difícilmente van a olvidar, ya sea porque les marcaron para bien o porque no sabían qué les pasaba a aquellos individuos multitareas y eternamente estresados que corrían sin descanso por los pasillos del instituto.

12. EL PROFESOR TÓXICO

No son exclusivos de la docencia. Al revés. Están en todas partes. La gente tóxica aparece en cualquier lugar y a la más mínima ocasión, aunque en un entorno como el educativo, donde la convivencia es un factor tan importante, su presencia se nota mucho. Son pocos, por suerte, pero muy insistentes. Lo importante es tenerles localizados lo antes posible para evitar que contaminen nuestro trabajo y estar pendientes también de que no afecten a los alumnos. ¿Y cómo se les reconoce? Fácil, muy fácil...

PISTAS PARA IDENTIFICAR A UN PROFESOR TÓXICO

Odian el teatro

No se sabe por qué, pero es una de sus aversiones más acendradas.

¿Que un profe se lleva a un grupo de alumnos a ver una obra de teatro por la tarde? Pues el profesor tóxico les pone un examen al día siguiente para arruinarles la salida.

¿Que el grupo de teatro del instituto estrena una obra? Pues el profesor tóxico vuelve a la carga con su examen para que el día de la función los alumnos no den pie con bola.

Su fobia al medio escénico es de origen desconocido, pero profunda y generalizada.

Odian las salidas extraescolares

Detestan sacar a los alumnos de los límites del aula, así que no son capaces de llevárselos ni al patio del instituto.

Y, por supuesto, también se oponen a que los demás profesores sí saquen a los alumnos, porque eso demuestra que se pueden hacer cosas fuera del aula, así que en cuanto se programa una excursión ellos montan en cólera, porque alguien les está robando una hora de clase ESENCIAL (mayúsculas) en la que iban a descubrir los secretos de la sabiduría a sus alumnos. Por supuesto, todas las salidas les parecen inútiles y carentes de sentido: lo único que merece la pena del sistema educativo en su totalidad es escucharles a ellos. Y punto.

Odian a los colegas que son populares entre sus alumnos

¿Que los chavales quieren al de Física? ¿A la de Literatura? ¿A la de Matemáticas? Eso solo se explica porque deben poner exámenes facilísimos y seguro que les regalan las notas. Por eso los quieren, porque no exigen, no son profesores de verdad como ellos, que les hacen sudar a sus alumnos hasta la última décima.

Odian a los colegas que hacen tareas voluntarias en el centro

Unos pelotas. Eso es lo que son, piensa el profesor tóxico. Porque solo así se explica esa pasión por quedarse más horas de las estrictamente necesarias en el instituto, cuando ellos son de los que salen corriendo por la puerta como si hubiera un incendio en cuanto suena el último timbre.

Odian a los colegas que hacen algo más fuera del instituto

No les gusta que la gente esté preparando su tesis doctoral. Ni que exponga cuadros. Ni que acuda a congresos universitarios. Ni que participe en competiciones deportivas de nivel. Ni que estrene obras de teatro. Ni que componga música. Ni que publique libros. Todavía recuerdo cierta conversación con una compañera ante uno de esos profesores tóxicos justo antes de publicar una novela. Me vi tan forzado a minimizarlo todo que acabé pintando aquella publicación como una experiencia tan traumática como si me fueran a amputar un brazo sin anestesia. Mi compañera, que no daba crédito y era una persona encantadora, tras mi dantesco retrato del mundo editorial solo acertó a preguntarme si de verdad era necesario que viviera semejante horror y no prefería dejar mi novela en un cajón.

Odian saludar

El gasto de saliva que implica dar los buenos días les parece poco menos que un despilfarro y se lo reservan para aquellas contadas ocasiones en que sus compañeros les parecen merecedores de semejante honor. Casualmente, esas contadas ocasiones coinciden con los días en los que necesitan que se les haga algún tipo de favor.

Odian al equipo directivo haga lo que haga

Da igual que el director y los jefes de estudios sean o no eficaces, que escuchen o no al claustro, que organicen la vida del centro de una manera u otra. No importa qué ni cómo, porque el profesor tóxico siempre encontrará la manera de protestar. En los claustros se le reconoce porque levanta la mano para oponerse incluso antes de que se haya empezado a hablar. No hace falta que nadie proponga nada, él ya está en contra de todo. Por si acaso.

Odian la innovación

Su voto siempre es no. Si hay que instalar ordenadores, votan que no. Si hay que aprobar una nueva asignatura, votan que no. Si hay que incorporar algún cambio al reglamento interno, votan que no. Su pasión por el no es tan notable que en ocasiones pueden llegar a votar en contra de sí mismos sin darse cuenta.

Odian a los padres

Los padres de los alumnos les molestan muchísimo. En todas sus formas.

Odian a los padres que van a hablar con ellos, porque les hacen perder el tiempo y les parece que son siempre unos exagerados. Total, si solo van a hablarles de sus hijos, como si eso fuera algo realmente importante.

Y odian a los padres que no van a hablar con ellos nunca, porque ese desinterés es intolerable, porque así nos va como nos va y porque con esa desidia no hay nada que pueda marchar bien.

Si todo esto no fuera suficiente aún queda otra prueba definitiva: son los que se llevan siempre una fotocopia sin pedirla. Todos sabemos que si necesitamos 34 fotocopias de un texto para nuestros alumnos tenemos que hacer 36. Treinta y cuatro son para el grupo, una es para nosotros y la última es para esa mano nada inocente que se la lleva como quien no quiere la cosa para poder usarla con sus alumnos sin tener que admitir que le gusta nuestro trabajo. El verbo *gustar*, como el adverbio *sí*, son dos palabras que no forman parte del léxico del profesor tóxico, para el que los demás, que somos mucho menos rencorosos, seguimos haciendo esa fotocopia de más con la esperanza de que algún día acabaremos ablandando su corazón (siempre que tenga uno, claro está).

ANTÍDOTO

Como en cualquier otro entorno laboral, a los tóxicos no hay modo de quitárselos de encima pero, por suerte, se les identifica pronto. Lo esencial es no dejarse arrastrar por su aversión global a la existencia humana y particular hacia las aulas. Una vez reconocidos y puestos en cuarentena se vuelven mucho más inofensivos.

13. ¿CUÁNTOS TRABAJOS TIENE UN PROFESOR?

Tanto cuando haces unas oposiciones para trabajar como profesor en la pública, como cuando te presentas a una serie de entrevistas para obtener un puesto en la enseñanza concertada o privada, se evalúan tus conocimientos de la asignatura y tu capacidad pedagógica para impartirla. En las oposiciones, por ejemplo, una de esas pruebas (al menos, hasta la fecha, porque con tanta reforma y contrarreforma lo mismo acabamos examinándonos haciendo malabares) consiste en defender una programación y una unidad didáctica. También hacemos un máster de formación del profesorado y hasta unas prácticas que sustituyen a lo que antiguamente se llamaba el CAP (Curso de Adaptación Pedagógica), un examen tipo test (ejem) que era obligado pasar para poder ejercer la docencia y que, quizá, alguien estudiara para aprobar (no conozco ningún caso en mi entorno, pero lo mismo lo hubo).

Lo que nadie te dice cuando aspiras a trabajar como profesor es que todo eso es solo una parte mínima de lo que vas a hacer. Tanto que a veces tenemos la sensación de que dar clase es el más irrelevante de nuestros oficios. ¿Y cuáles son los otros? Aquí van unos cuantos...

✯ Animador sociocultural

Hay que motivar. Mucho. Un alumno no estudia si no se siente motivado. Esa es la teoría que todos defendemos. La tesis general a la que nos aferramos profesores, alumnos y familias. El aprendizaje tiene que ser divertido... Así que no basta con que sepas qué es el sintagma preposicional. Ni con que sepas explicar bien qué es el sintagma preposicional. No: tienes que ser capaz de demostrar lo apasionante y divertido que es el sintagma preposicional. Y claro, en ese momento quieres que te trague la tierra y por mucha imaginación que le pones (y se la pones) al sintagma preposicional no le ves ni un miserable punto divertido (los sintagmas no son nada divertidos, por definición). También está el caso opuesto, quien ya esté hablando de la conquista espacial o la Historia del siglo XXI es incapaz de salirse del libro de texto y de buscar una mínima motivación por mucho que el tema se lo ponga en bandeja.

Organizador de festejos

Lo mismo te toca colaborar en el Carnaval del instituto que decorar el gimnasio para el baile de graduación. Y eso cuando el festejo no te pilla en clase, como a una compañera a la que el padre de una alumna gitana le pidió que, por favor, le dejara entrar en el aula para decirle una cosa a su hija. Ella le dijo que sí y se encontró con que, en efecto, entraba el padre... Y la madre, y los hermanos, y los primos, y los abuelos, y unos cuantos palmeros y un tipo con un cajón flamenco que se pusieron a tocar y a dar palmas, porque les parecía que aquella clase de Lengua era el mejor lugar para una pedida de mano. He ahí una forma de pasar de profe de Lengua a *wedding planner* en solo una sesión...

Terapeuta de parejas

En las reuniones de padres nunca sabes qué te vas a encontrar. Puede ser que quieran hablar de su hijo, sí, pero también puede ocurrir que quieran hablar de sí mismos. O peor aún, del otro. Ella habla de él, él habla de ella, ella habla de ella o él habla de él (depende del modelo de familia que, por suerte, ya se ven de todos los tipos y cada vez con más naturalidad en nuestras aulas). Y uno escucha sin saber qué decir, sobre todo cuando ese él o ella es un ex y se adivina un mal rollo absoluto en el que nos están cogiendo como rehenes morales. El mensaje de la conversación se resume en un *dime que llevo razón* que, por supuesto, uno no debe jamás pronunciar. Porque lo más probable es que acabes reuniéndote, en solo unos días, con la figura del ex al que te han puesto a caldo en la reunión anterior. Por no hablar de cuando tienes que dar una información sobre el hijo y no sabes a cuál de los dos miembros de la pareja llamar. Si te equivocas y avisas al cónyuge que no es, lo más probable es que el hijo se vaya de rositas y la bronca te la lleves tú, haya hecho el hijo lo que haya hecho, por no comunicarlo al padre / madre que correspondía.

★ Psicólogo

Tú crees que vas a dar clase, pero eso es solo un porcentaje mínimo del tiempo que pasas en el centro. A veces, ni siquiera da para un porcentaje... El resto del tiempo (vamos, el 90%) estás tratando de descifrar qué les pasa a esos chicos y chicas que tienes ante ti. Los días en que no hablan con nadie (esos que tanto gustan a sus padres), los días en que te miran como si estuvieran enfadados con el mundo (que los padres también adoran) o los días en que dejan claro que están viviendo un gran drama personal de dimensiones épicas (y que los padres disfrutan con locura). Por muchas ganas que le pongas, la decodificación no es sencilla, así que uno acaba desarrollando unas dotes de psicólogo con las que no contaba y que más vale trabajarse a conciencia. Sobre todo porque cuanto más minimicemos —como docentes y como padres— lo que les sucede, menos confianza tendrán con nosotros cuando lo que les ocurra sea realmente importante, así que más vale armarse de paciencia y de escucha activa. A mansalva.

★ Enfermero

En el aula te puede pasar de todo, así que toca tener sangre fría y estar preparado para cualquier cosa. Y no hablemos si se sale fuera del centro, especialmente a viajes de estudios e intercambios, donde sus padres te pueden tomar por el mismísimo doctor House y pedirte que le pongas tal o cual inyección a un alumno en caso de que, por alguna circunstancia especial, lo requiera. La primera vez que una madre me entregó un kit con jeringuilla incluida para su hijo antes de una excursión con un grupo de la ESO creí que me desmayaba de solo pensar en tener que usar aquella aguja en un caso de urgencias. Para que luego digan que dar clase no está lleno de emociones fuertes...

★ Canguro

A veces uno se pregunta si eso de impartir conocimientos como parte del trabajo docente es una leyenda urbana. Entre las guardias de aula, las guardias de patio (que consisten en algo tan divertido como dar vueltas arriba y abajo por el patio «vigilando» el recreo: tarea especialmente agradable en invierno o bajo la lluvia) y las ganas que parece que tienen algunos padres de que sus hijos pasen el mayor número de días y horas en el instituto, no se sabe muy bien si en realidad nuestro trabajo es el de *babysitters* más que el de profesores.

★ Conferenciante

Hay que tener las cuerdas vocales a prueba de bomba y, a ser posible, un tono lo menos monótono posible si no queremos dormir a las ovejas. Entre cinco y seis horas al día de charla sobre temas que, para colmo, se repiten. Y sí, es verdad que hay que reciclarse e innovar, pero hay contenidos que, por mucho que los maquillemos, son siempre los mismos. El principio de Arquímedes es el principio de Arquímedes, el *reported speech* es el *reported speech* y el orden jónico es el orden jónico.

✯ Actor

Cada clase tiene su parte de espectáculo. Desde el show melodramático en el que pones todas tus ganas cuando te los quieres ganar por la vertiente emocional hasta el monólogo cómico donde piensas que el humor es tu mejor aliado para llevártelos a tu terreno. Las técnicas pueden variar, pero todos acabamos interpretando un personaje y dándole la razón a Calderón con eso de que la vida es un gigantesco teatro. Y eso que Calderón no estuvo en un instituto de la ESO, que si no, habría tenido material para escribir unos cuantos Segismundos...

✯ Traductor simultáneo

Y no solo porque ahora todos tenemos que ser bilingües para explicar los *types of perspective* en Tecnología o la llegada al trono de *the Bourbons and the «Decretos de Nueva Planta»* en Historia. No, qué va, no solo estamos todos obligados a pasar por el aro del bilingüismo nos guste o no (cuando impartamos la Literatura Española en inglés, y no queda mucho, habremos completado el círculo perfecto), sino que también hay que buscarse la vida para conseguir que nos entiendan aquellos alumnos que ni siquiera hablan español, a quienes se somete a la inmersión lingüística más salvaje y para quienes no existen (vivan los recortes) los recursos adecuados tras la supresión de la mayoría de las aulas de enlace, donde se les trataba de adaptar al idioma y la cultura. Entretanto, y gracias a la pasión bilingüe (que si bien tiene sus aciertos, se ha llevado a cabo con la torpeza de una apisonadora), se pueden escuchar grandes máximas como el «*Run*, joder, *run!*» que escuché a cierto compañero de Educación Física en un *spanglish* pronunciado con, eso sí, envidiable acento británico.

Policía

Las dotes investigadoras se desarrollan con la práctica, aunque hay quien parece haber nacido para ello. Desde encontrar la chuleta escondida hasta adivinar quién ha hecho cierta pintada o le ha quitado algo a un compañero. No es tan emocionante como un episodio de *Castle*, pero intriga no nos falta. Entre eso y las sanciones cuando surge un problema de disciplina (que es lo más parecido a una multa en un aula), el trabajo policial está asegurado.

Guía turístico

Tan pronto te encuentras enseñando un museo, que tu ciudad, que la mismísima Roma. No importa dónde vayas con tus alumnos ni si has estado antes allí, se presupone que lo sabes y conoces todo, así que ya te puedes documentar bien y —gracias, Google— tener un buen *smartphone* que te permita afrontar cuanto reto se te plantee fuera del aula.

Trabajador social

Según el centro, la variedad de situaciones sociales y familiares es infinita. Así que te puedes ver envuelto en conflictos de lo más diverso y, a menudo, complicados. Como nadie te ha formado para abordarlos, te toca buscarte la vida para saber qué hacer cuando conoces algunas de las realidades que traen consigo tus alumnos. Lo peor es cuando te das cuenta de que, en algunos casos, las únicas horas felices de su día son las que pasan en el instituto, porque lo que les espera en casa es un infierno.

★ Segurata

El control de quién puede o no puede ir al baño es una de esas fascinantes tareas que esconde la docencia. Igual que la de vigilar, si te toca guardia de patio durante el recreo, que no se escape ningún alumno de la ESO fingiendo ser de Bachillerato. Como es imposible conocer a todos los estudiantes matriculados en un centro escolar y en niveles como 3.º o 4.º pueden parecer mayores de lo que son, te sorprendes pidiéndoles el carné en la puerta y te sientes como si en vez de en un instituto trabajases en una discoteca. Para colmo, pasas el mismo frío en invierno que el segurata en cuestión y la imagen del profesor solo, dando vueltas por el patio, con su plumas y con expresión de a mí quién me mandaba dedicarme a esto, es una de las más desoladoras de nuestra realidad educativa.

★ Jefe de protocolo

Como se ve que a muchos no se lo han contado en casa (o se lo han contado poco y mal), terminas dando clases de (terrible palabra) urbanidad en pleno siglo XXI: que si no puedes poner los pies encima de la mesa, que si no hay que tirar las bolsas de patatas al suelo, que si la caja donde pone «tirar papel para reciclar» es para que tiren los papeles y se puedan reciclar no para dejar el bocata a medias, que si no hay que explotar un globo de chicle de dos metros de diámetro cuando estás hablando con alguien... En fin, esas cosillas que, por algún extraño motivo, nadie les ha dicho antes y que nos toca decirles a nosotros para que sigan haciendo, en cuanto salen del aula, lo que les da la gana.

✯ Conductor y taxista

Cómo vivís, te dicen. Unas horitas de clase y a casa, ¿eh? Y tú piensas que, a esos que te lo dicen, te encantaría meterles la cabeza en un cubo de agua helada, pero como no eres un sociópata (o no todavía), te contienes. Pero te dan ganas de explicarle los kilómetros que te haces desde que te dieron esa fantástica plaza en un instituto en la otra punta de tu provincia. O lo divertido que es ir recogiendo profesores en el *institour* que os habéis montado para poder llegar a ese centro perdido en un lugar del mundo que no conocíais. Y eso si no eres interino, claro, porque si eres interino al kilometraje se suma el nomadismo y te puedes conocer la geografía española en tiempo récord gracias a los cambios de centro que se producen en tu trabajo cada minuto, donde un lunes puedes estar dando clase en Madrid y el miércoles en Villarejo de Salvanés.

✯ Otros oficios

Y además de todo esto hay quien se encarga de entrenar al equipo del deporte que sea (o varios equipos de varios deportes, para aburrirse aún menos), quien ejerce de redactor jefe en el periódico del centro, quien desempeña el cargo de responsable artístico en el grupo de teatro o quien es el director de orquesta y coro en la sección de instrumentos del instituto.

Lo sorprendente es que a veces, además de todo esto, incluso nos queda tiempo para dar clase.

14.
PROFESORES: TIPOLOGÍA BÁSICA

El vidente. Profesor capaz de pronosticar en qué día, hora y momento caerá enfermo, anunciando su ausencia con estremecedora exactitud. Es fácilmente reconocible y, por algún extraño motivo, sus dotes adivinatorias no suelen ser acogidas con regocijo por el resto de sus compañeros.

El de la bata. Docente que se pasea compulsivamente por el instituto disfrazado de médico. En el bolsillo de la bata suele ocultar objetos múltiples y extraños que, sin duda, no pasarían el escáner de seguridad de ningún aeropuerto. Por supuesto, cuanta menor sea la relación entre su materia y un laboratorio o cualquier otro entorno experimental, más probable —y misterioso— resulta el uso de la bata.

El motivado. Docente entusiasta e inasequible al desaliento, para asombro de compañeros y alumnos, que parece sacado de un cruce entre *High School Musical* y *El club de los poetas muertos*. Los casos más extremos son capaces de encontrar placer en eventos tan sádicos como corregir exámenes, asistir a un claustro o celebrar una junta de evaluación.

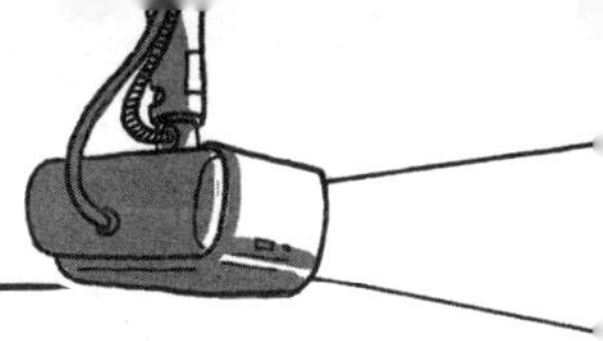

El TIC. Acompañado siempre de su portátil, no concibe dar una clase sin su Powerpoint. Es el rey de las diapositivas y las pizarras digitales. Si te descuidas un segundo, puede atizarte una presentación mientras te tomas un café y convierte cada paso que da en un derroche de interactividad.

El hábil. También conocido como el escaqueador, su mayor talento consiste en ocultar cualquier habilidad, de modo que jamás hace bien nada de cuanto se le encarga. Capaz de inventar todo tipo de preguntas y obstáculos, su destreza cometiendo errores consigue que su ayuda resulte tan molesta que, al final, se prefiera prescindir de él.

El intenso. Docente cuyas conversaciones giran siempre en torno a su materia y que suele pasearse por el instituto acompañado de una extensa bibliografía (en ocasiones, retractilada) a fin de que todo el mundo sea consciente de su inagotable curiosidad intelectual, su siempre creciente biblioteca y su amor por el deporte del *book-walking* o paseo de libros.

Los del chándal. Condenados al uso de ropa deportiva por exigencias del guion, se empeñan en defender que imparten Educación Física a pesar de que el resto del mundo lo siga llamando *gimnasia*. Da igual cuanto se esfuercen e innoven para borrar ese toniquete despectivo cuando alguien habla de la *gimnasia*: el chándal es una especie de kriptonita que hacen que tengan que recordar y pelear una y otra vez la dignidad de su asignatura. Eso sí, cuando no caen medallas olímpicas se les echa la culpa también a ellos.

El nostálgico. Docente que vive aferrado al ayer y lo recuerda compulsivamente para martirio de alumnos y compañeros. Este grupo no guarda relación con la edad (es multigeneracional) y puede sentir nostalgia hacia todo tipo de situaciones pasadas por horribles que fueran: su antiguo instituto, sus antiguos compañeros, sus antiguos grupos de alumnos... Entre sus glorias pretéritas, la EGB junto con todo su *merchandising* ocupa un lugar privilegiado.

El exigente. Docente que presume de pedir mucho de sus alumnos: pone exámenes difíciles, da notas bajas, suspende muchísimo y los alumnos tiemblan con solo oír su nombre. Por todo ello, es el mejor valorado socialmente, pues se considera que su sadismo nace de lo mucho y de lo bien que se enseña y no de algún trauma infantil que le ha llevado a desarrollar una crueldad exacerbada contra el género humano. Su mayor placer en esta vida reside en recordar que un 4,75 no es un 5, es un 4,75.

El cinéfilo. Profesor que considera que todo tema se puede trabajar viendo una película. Sus aulas están siempre a oscuras y las películas ocupan un porcentaje del curso que rompería, por sí solo, las estadísticas de consumo cinematográfico nacional. En la última semana previa a las vacaciones de Navidad, Semana Santa y verano, la cinefilia se extiende hasta que el instituto entero se convierte en la versión didáctica del Kinépolis.

El corrector. Su concepto de la enseñanza consiste en corregir: explica poco, encarga muchos deberes y dedica el tiempo que haga falta a corregirlos. Pueden pasar meses enteros embarcados en correcciones infinitas dando lugar a un bucle que hace dudar a los alumnos de su realidad espaciotemporal y convenciéndoles de que el tiempo no solo es relativo, sino eterno.

El coleguita. Confundido por el visionado de programas como *Hermano mayor*, se cree que es un alumno más dentro del aula. Se viste como uno de ellos, habla como uno de ellos y se comporta como uno de ellos. Suele tardar medio curso, justo cuando la clase se le va de las manos, en darse cuenta de que no es uno de ellos.

El ególatra. Su materia es la más importante de todas y no hay nada que se anteponga a ella. Ni otra materia. Ni la vida de los alumnos. Ni el mismísimo apocalipsis. Nada justifica que no se le preste la máxima atención dentro y fuera del aula. Considera que los alumnos solo estudian su asignatura y pide actividades, ejercicios, trabajos y exámenes que necesitarían otro curso (más bien, otra vida) solo para él.

El comprometido. Docente que deja de tener vida propia en cuanto los alumnos notan su interés por cuanta cuestión social sucede en las aulas. Preocupado por los estudiantes y solidario con diversas causas, suele afrontar como mejor puede (y si le dejan) las cuestiones que se le plantean. A pesar de que no se le reconoce oficialmente ese sobreesfuerzo, su implicación no decrece a lo largo del curso, convirtiéndose así en motivo de estudio sobre los límites de la naturaleza humana.

El repartidor de partes. Docente con el umbral de la paciencia bajo mínimos que todo lo soluciona poniendo un parte. Sus expulsiones pueden ser por motivos muy diversos y suelen ser muy apreciados en Jefatura, ya que evita la soledad de los jefes de estudios mediante el envío compulsivo y masivo de alumnos para que les hagan compañía.

El *fotocopiador*. Nada le produce tanto placer como entregar fotocopias a sus alumnos. Es capaz de fotocopiarlo todo, desde pasajes de libros que le gustan, artículos de prensa, imágenes varias o incluso a gente que se cruce por la calle. Todo es susceptible de ser metido dentro de la fotocopiadora y entregado a sus alumnos en un sinfín de folios que, por supuesto, estos pierden, olvidan y desordenan tan pronto como se les entregan. Los árboles, por algún extraño motivo, no los tienen entre sus personas favoritas.

El lector. Docente muy concienciado de la importancia de la lectura en voz alta que, por eso mismo, la practica de manera contumaz con sus alumnos, a quienes invita a leer el libro de texto día sí y día también. Fanático del subrayado, las tablas, los cuadros sinópticos y los resúmenes, su mejor amigo es el libro de texto.

El vosotros nunca. Docente instalado en una perplejidad continua de la que no se baja en toda su vida profesional. Su obsesión consiste en recordar a los alumnos todo lo que no saben: ¿Vosotros nunca habéis estudiado esto? ¿Vosotros nunca habéis hecho esto? ¿A vosotros nunca os han explicado esto? Su perplejidad por la ignorancia ajena va acompañada de miradas de resignación y resoplidos reprobatorios dedicados a sus compañeros, a quienes culpa de la estupidez del mundo en su conjunto.

El popstar. Convencido de que la música es la mejor amiga del educador e influido nocivamente por referentes que van desde *Mary Poppins* o *Sonrisas y lágrimas* a *Glee*, considera que todo contenido tiene una canción pedagógicamente adecuada, ya se esté hablando de literatura barroca o de las mitocondrias. En idiomas, esta especie es muy habitual.

El voluntario. Entregado y animoso, lleva un cartel a la espalda con un gigantesco «Si hay que»: *si hay que* organizar unas jornadas culturales, se le pide ayuda; *si hay que* irse de intercambio con los alumnos, se le pide ayuda; *si hay que* coordinar un acto de graduación, se le pide ayuda; *si hay que* acompañar a los de la ESO en un viaje fin de estudios, se le pide ayuda... Querido por sus alumnos y tabla salvadora de directores y jefes de estudios, a veces hasta le queda tiempo para tener algo parecido a vida personal. Suele ser muy amigo del *comprometido* (ver pág. 110), cuando no son la misma persona, claro.

El policía. Dotado de poderes sobrehumanos, es capaz de encontrar la chuleta más oculta en el lugar más rebuscado, adivinar cualquier problema en el aula antes de que se produzca, a lo *Minority report*, y sacar la verdad del más cerrado de los alumnos sin necesidad de interrogatorio formal alguno. El FBI incorporaría a más de uno de ellos a sus filas si supiera que las aulas son el mejor campo de entrenamiento para futuros investigadores y sabuesos.

El charlas. Docente astuto capaz de aprovechar cualquier resquicio de indisciplina (incluso aunque no se haya producido: la indisciplina futurible también vale) para soltar un sermón que ni los de la montaña y convertir una hora de clase en una hora de discurso. Si el discurso en cuestión no da para los cincuenta minutos de clase, el tiempo restante se rellena con otros tantos de silencio en los que el castigo consiste en no dar clase para, de paso, corregir una pila de exámenes pendientes y no llevárselos a su casa de nuevo.

El siempre así. Profesor que siempre responde que no por principio a toda posible novedad. No hay reforma educativa que le guste porque, básicamente, se opone a todas sin necesidad de leérselas, pues sabe con certeza que su opinión va a ser negativa incluso antes de conocerlas. Toda innovación le resulta estúpida, superflua y ridícula, algo que argumenta mediante un único axioma de validez universal: «Esto siempre se ha hecho así». Que la ciencia haya avanzado, que la pedagogía lleve unos cuantos años buscando métodos y otras minucias similares no alteran para nada a estos celosos guardianes de las esencias educativas que, por lo general, llevan en forma de apuntes amarillentos por el paso del tiempo.

15. DICCIONARIO ESCOLAR I. LO QUE *NUNCA* DECIMOS LOS PROFES

Cuando empiezas a dar clase crees que va a ser fácil evitarlas. Que no caerás en ellas. Que serás lo suficientemente original como para alejarte y mantenerte a salvo... Pero es imposible. Ellas están ahí. Esperándote. Frases que te has prometido que no vas a repetir porque no quieres ser un cliché. Pero ellas son pacientes. Y te aguardan con los brazos abiertos. Tentadoras y cercanas. Porque, admitámoslo, saben que acabarás usándolas con la misma velocidad con que corre a la puerta un alumno de la ESO en cuanto suena el timbre. Ahí van algunas de esas frases que los profesores hemos usado desde que el mundo es mundo:

La frase altruista:

☞ *«Dilo en voz alta y nos reímos todos»*

La amenaza definitiva. El modo de cortar el cachondeo en seco... O no. Porque como el alumno sea un cachondo de verdad puede pasar que te haga caso, lo diga en voz alta y, ahora sí, os riais todos, con lo que la clase ya no solo te la han interrumpido, sino que se ha ido a la mierda directamente.

La amenaza claustrofóbica:

☞ *«¡Hasta que no aparezca, no sale nadie!»*

Lo desaparecido puede ser un estuche, una cartera, un móvil, un libro... Todo objeto que supuestamente haya sido tomado por alguien que no fuera su dueño merece la amenaza del encierro. La frase suele ir acompañada de un «Yo no tengo prisa» que, por supuesto, es falso. Así que mientras te aguantas las ganas de irte a casa, finges serenidad absoluta y esperas a que el culpable confiese. Eso hasta que te das cuenta de que «Me lo han quitado» significa «Lo he perdido» en la mayoría de los casos, con lo que el encierro se vuelve doblemente inútil.

La (otra) amenaza claustrofóbica:

☞ *«¡Hasta que no salga el culpable, no sale nadie!»*

Variante esquirolesca de la anterior, supone un ejercicio de crueldad suma por parte del docente. No solo pedimos al culpable que salga, sino que invitamos indirectamente al resto a que lo delaten si quieren que sus rugientes estómagos adolescentes puedan llegar a casa a comer a una hora decente.

La comparación odiosa:

☞ *«En esta clase vamos más atrasados que en las demás»*

¿Y algún profesor cree que eso le puede importar a alguien? Como si estuviéramos en los mismísimos Juegos Olímpicos soltamos algo que, para colmo, nunca es verdad. Cada clase va como puede (y como nos dejan), así que la comparativa no solo no ayuda, sino que rara vez es cierta. Por no hablar de esos casos en que decimos que «vamos mejor con los demás 3.º de la ESO» cuando no damos clase a ningún otro 3.º de la ESO.

El deseo utópico:

☞ *«Hay que estudiar todos los días»*

Gran máxima universalmente aceptada aunque, hasta la fecha, no se conoce a nadie que la cumpla. El consejo, eso sí, no por poco útil es menos habitual: no hay un solo profesor que no lo diga con la misma frecuencia que otros *megahits* cotidianos como «¿Os queréis callar de una vez?», «Quítate la gorra» o «Siéntate bien».

El consejo fisioterapéutico:

☞ *«Siéntate bien, que te vas a destrozar la espalda»*

No hay profesional que se preocupe tanto por la columna vertebral ajena como el colectivo docente. No hay postura que no nos parezca peligrosa, salvo aquella en la que el alumno está recto como si le hubieran metido un palo y que, por tanto, le impide moverse, girar la cabeza hacia los lados o mostrar cualquier tipo de actividad. Todos los profes lo tenemos claro: cuanto mejor se sientan, más nos atienden. Cualquier relación lógica entre ambos enunciados, por supuesto, es pura coincidencia.

La afirmación apocalíptica:

☞ *«Esta es la última vez que lo explico»*

Uno se pone muy serio, imposta la voz y los mira con expresión de gravedad. No habrá ni una sola repetición más de eso que hemos contado ya aproximadamente unas cuarenta y siete veces... Por supuesto, estamos mintiéndonos. Somos débiles y caeremos de nuevo. En cuanto alguien nos lo pregunte otra vez, lo repetiremos. Y otras cuarenta y siete veces más, seguramente.

La promesa que nunca se cumple:

☞ *«Lo importante no son los exámenes, sino el trabajo diario»*

Qué bien suena... Y qué poco se cumple. Porque como el trabajo diario es lo que más importa, a veces se lleva un 5 o un 10 % de la nota, mientras que los exámenes hacen media y ocupan el noventa por ciento restante. No se conoce profesor que no prometa que valorará el trabajo diario, pero se conocen bastantes menos que lo apliquen realmente.

El consejo para matar el tiempo:

☞ *«Si acabáis el examen, repasadlo»*

Normalmente se insiste mucho en eso cuando hemos hecho un examen más breve de lo habitual que, confesémoslo, esperamos que también nos lleve menos tiempo de corrección... A veces, al alumno le sobra tanto tiempo que no solo puede revisar el examen, sino que también podría memorizarlo, repetirlo varias veces o tallarlo en madera.

La pregunta *térmica*:

☞ *«¿A qué venís? ¿A calentar la silla?»*

Obsesión comparable a la de la espalda de los alumnos es la que siente todo docente por el estado térmico de las sillas. La alusión a los alumnos como calefactores humanos es uno de esos momentos que anteceden a la tormenta. Normalmente la pregunta retórica viene seguida de un discurso sobre la pasividad, o el desinterés o cualquier otra cuestión con la que nos desahogamos por sentir que nuestras disertaciones sobre el complemento indirecto o los polinomios no se reciben con el entusiasmo que merecen.

La predicción infalible:

☞ *«El próximo que hable se la carga»*

Siempre hay un próximo. Y sí, siempre se la carga. El último es el que se lleva la gran bronca. O la expulsión al pasillo. O el dichoso parte. Y lo mejor es que el último nunca fue el primero, ni siquiera el que se merece la charla, qué va, sino el pardillo de turno al que le toca tragarse el mal rollo que han provocado otros. Como la vida misma, en realidad.

La amenaza *boomerang:*

☞ *«¡Si no os calláis, os quedáis todos sin recreo!»*

Es la frase trampa. Un tropiezo inevitable en el que caemos todos como moscas. Porque el verbo exacto no sería «*os quedáis* todos sin recreo», sino más bien «*nos quedamos* todos sin recreo». Y cuando la amenaza se cumple te queda la opción de mantenerte firme, renunciar a tus (ya de por sí escasos) veinte minutos de libertad y hacerles permanecer en el aula durante el recreo o buscarte cualquier excusa del tipo «Veo que ya habéis reflexionado» (después de que allí no haya reflexionado ni dios) y decirles que ya pueden salir tras tres, cuatro o incluso cinco minutos de encierro. En el caso de que se vaya a cumplir el castigo del recreo, lo mejor es que coincida con que tienes guardia de patio y mejor aún si es un día que llueve o hace frío: entre la prisión externa y la prisión interna, mucho mejor la interna que, por lo menos, tiene calefacción.

La pregunta más madrugadora:

☞ *«¿Estáis dormidos o qué?»*

No, para nada. Quién no está de lo más receptivo a las ocho de la mañana. A todos nos encanta que, después de madrugar, llegue alguien a contarnos todo lo que sabe sobre Quevedo, Bach, Mendel o Felipe II. Y sí, lo normal sería que los alumnos hiciesen la ola cuando entramos en clase y comenzasen a aplaudirnos presos de la euforia, pero por algún extraño motivo no lo hacen y solo vemos cómo sus cabezas se acercan peligrosamente hacia la mesa en aterrizaje forzoso. Por no hablar de los días que empezamos la mañana en el aula con la luz apagada y con algún vídeo que, obviamente, les invita a retomar el sueño del que ese cabronazo del despertador nos ha arrancado a todos.

La duda políglota:

☞ *«¿Pero yo en qué idioma hablo?»*

Y es que uno a veces tiene la sensación de que hablara suajili. No ya por los contenidos de la asignatura, que se da por hecho que hay que traducirlos para que sean comprendidos, sino por cosas mucho más sencillas del tipo «Mañana traéis el libro de texto» y que se resuelven en que de los treinta alumnos, dos traen el libro de texto, diez traen otro libro del que no has hablado jamás, cinco traen el cuaderno y el resto, directamente, no trae nada. Ahí es cuando dudas de si hablas y te comunicas, o si solo crees que hablas y te comunicas, como si fueras el protagonista de *La metamorfosis* en plena conversión en cucaracha.

La conclusión higiénica:

☞ *«Aquí huele a humanidad»*

Pocos usos tan indignos se conocen del sustantivo *humanidad* como este, cuando lo empleamos como eufemismo de la concentración de exquisitos aromas que se juntan en cualquier aula de la ESO y que convierten a los profesores en los únicos seres que, gracias a nuestro cotidiano entrenamiento, resistiríamos a un hipotético apocalipsis químico. Cuando los alumnos vuelven a clase tras su hora de Educación Física esa capacidad de supervivencia se convierte, literalmente, en heroicidad. Quizá equipar los claustros de los centros escolares con máscaras antigás para el claustro no sea tan mala idea.

La consulta doméstica:

☞ *«¿En tu casa también tiras los papeles al suelo?»*

Y más de uno te mira con cara de que sí, dejándote claro que tu afán comparativo no tiene el más mínimo eco. Sea como sea, habría que hacer un análisis de por qué los alumnos de las aulas de cualquier sistema, reforma y ley educativos consideran que el suelo del aula es un lugar estupendo para las bolsas de gusanitos, envoltorios de chicles o el chicle mismamente.

La respuesta reconfortante... pero menos:

☞ *«El examen es fácil, si has estudiado»*

Hay comas que matan. Y esta es una de ellas. Siempre hay que sospechar cuando un profesor te advierte de que la prueba va a ser sencilla «si has estudiado». Normalmente ese *si* oculta todo un mundo de elucubración y terror que convierte el examen en una yincana intelectual que se pasará con éxito «si se ha estudiado». Lo que no se indica en la condicional es *cuánto* tienes que haber estudiado.

La paradoja:

☞ *«Si no te interesa, no hace falta que vengas»*

Como si pudieran elegir... Sobre todo cuando estás hablándoles de tectónica de placas un martes a las ocho de la mañana, que es lo que todos querríamos oír un martes a esas horas, claro está. La mirada de «ya me gustaría a mí no venir» habla por sí sola. Y eso cuando no te lo sueltan a bocajarro ellos mismos, porque nuestra cantinela de la asistencia voluntaria les toca bastante la moral.

La promesa reconfortante:

☞ *«Si lo haces, te pongo un positivo»*

El *lo* se puede sustituir por cualquier cosa. Se puede prometer un positivo a cambio de hacer una pregunta a un conferenciante que viene a dar una charla y con quien queremos quedar bien. O a cambio de tener la clase ordenada y limpia. O por exponer un trabajo en clase. O por hacer cierta actividad voluntaria. O por leer un libro más que el resto... Lo mejor de los positivos es cuando tienes que buscarte la vida para meterlos en tu Excel de calificaciones y decidir si el positivo que le diste a un alumno por hacer un trabajo voluntario de 50 páginas sobre la fotosíntesis vale lo mismo que el positivo que le diste a otro por preguntarle a un novelista algo tan profundo como «¿Te gusta escribir?» en una charla. Sea como sea, y se sume lo que se sume, el positivo es la zanahoria más apreciada y generalizada de la educación. No siempre funciona, pero ayuda.

La obsesión inexplicable:

☞ *«La mochila fuera de la mesa»*

Nos molesta que la mochila esté en la mesa. Muchísimo. El porqué es variable. Pero nos molesta. Nos inquieta. Y ellos lo saben. Así que la colocan justo allí, ponen los brazos encima y se hunden paulatinamente en ella. Es un acto reflejo. Superior a nosotros. Pedimos que la quiten y ellos se quejan de por qué. Ya está. Ya hemos perdido cinco minutos entre la tontería de ponerla y la tontería de quitarla. Debe de haber algún motivo freudiano en ese odio ancestral a las mochilas sobre las mesas. O no.

La norma ingenua:

☞ *«La clase no acaba cuando suena el timbre, sino cuando lo digo yo»*

Como si el timbre no activase los instintos de nuestros alumnos (que me río yo del perro de Pavlov), nos empeñamos en que deben permanecer sentados y escuchándonos atentamente, fingiendo que no saben que la clase ha terminado (en términos externos) aunque nosotros prolonguemos el evento (en términos internos). Así que les hacemos sentarse de nuevo e incluso abrir otra vez libros y cuadernos (¡y ay del que los haya metido ya en la mochila!) para poner punto final a nuestra magistral intervención.

La propuesta enrollada:

☞ *«Valoro mucho la participación en clase»*

Hay que sospechar de nosotros cada vez que decimos esto. ¿Va en serio? ¿Permitiremos que alguien participe alguna vez teniendo en cuenta el programa que debemos meternos todos —alumnos y profes— entre pecho y espalda cada curso? A veces esa participación es real y otras lo más emocionante que les permitimos hacer es subrayar el libro (o, si se aburren mucho, decorarlo). Pero queramos o no que participen, siempre decimos el primer día de clase que nos encanta que lo hagan. Por suerte, cada vez estoy más convencido de que tras hacernos la radiografía inicial, los alumnos prestan la misma atención a nuestras instrucciones que la que nosotros prestamos a los auxiliares de vuelo cuando nos explican cómo se pone el chaleco salvavidas en un avión.

PARTE III

¡TODOS A CLASE!

1.
LA ESCUELA DEL SIGLO XXI

Imaginemos que un cirujano del siglo XIX entra en un quirófano del siglo XXI. Seguramente se sentiría, cuando menos, desorientado y sería necesario ponerlo al día en unas cuantas (muchas) sesiones sobre los diferentes avances médicos, científicos y tecnológicos.

Ahora imaginemos que un profesor del siglo XIX entra en un aula del siglo XXI. Pues salvo dónde proyectar el cañón, poco más habría que explicarle para que se sintiera en la clase como en su casa.

¿No estamos en las aulas 2.0? Sí, claro, y podemos poner tantos números, puntos y ceros como nos apetezca, pero la realidad es que la escuela del siglo XXI consiste en la escuela de siempre solo que en el siglo XXI. El nombre no puede ser más exacto y, a la vez, más engañoso.

Entre las grandes innovaciones que hemos introducido en los últimos años destaca la de hacer en una pizarra digital lo mismo que antes hacíamos en un cuaderno, pero ahora en tamaño mucho más grande y encima de la pared en vez de encima de la mesa. Un progreso acojonante, sin duda. Seguimos *filling the gaps* en clase de idiomas, pero en vez de hacerlo en el *Workbook* con un lápiz, en la pared con un clic de ratón. Completamos huecos, relacionamos con flechas, hacemos preguntas tipo test y toda suerte de actividades completamente desconocidas para las generaciones anteriores, ¿a que no nos suena ninguna de ellas?

La gran diferencia es que el cuaderno no tenía batería, ni conexión VGA, ni posibilidad de quedarse colgado cuando falla el wifi.

Y las nuevas tecnologías, sí tienen todo eso. Que serán nuevas, pero también un poquito coñazo, porque cuando les da por ponerse rebeldes se te puede ir media clase probando la conexión a tu portátil hasta que te rindes y acabas cambiando la pizarra digital por la verdadera pizarra digital, la que se rellena *digitalmente* (o sea, a dedo) con la tiza de toda la vida. Y el resultado es que cuando vas a usar medios digitales vas más cargado todavía que cuando no los usas, porque ya no solo llevas tu bolso o bandolera, tu portátil, tu libro de texto, tu agenda del curso y tu material 2.0, sino también un buen montón de material del toda la vida por si el 2.0 no funciona.

Además, el mundo 2.0 ha colaborado a sumar una tarea más a los desocupados miembros de Jefatura de Estudios: la de técnicos de imagen y sonido. Que el cable del audio no va, se manda a un alumno a Jefatura. Que nos falla el wifi, se envía a otro a hacer lo propio. Que el cañón no se enciende, se envía a otro más a que pregunte. Y así con cada cuestión técnica que surge para que los jefes de estudios no se aburran.

La incorporación de las TIC (Tecnologías de la Información y la Comunicación) a las aulas ha permitido también que los docentes ampliemos las posibilidades de nuestros cursos de formación. Y de este modo hemos podido matricularnos en algunos tan fascinantes como Introducción a Word, Introducción a Powerpoint, Introducción a Excel y otras tantas introducciones que se nos ofrecen desde la Administración para que sumemos créditos mientras nos cuentan obviedades que cualquier usuario ya conoce.

Y no hay que olvidar ese maravilloso momento en que llegas al aula cargado como un burro y con todos los materiales que te has tirado una tarde entera preparando. Toda suerte de recursos digitales que crees que van a hacer las delicias de tus alumnos y que son justo lo que necesitan para que les atraiga lo que les vas a contar. En ese caso hay tres opciones:

★ ★ ★ LA OPCIÓN IDÍLICA

La parte técnica funciona perfectamente: el ordenador va como una bala, el wifi es estupendo, el cañón tiene una calidad de visión impecable...

La parte humana va igual de bien: a los estudiantes les encanta lo que les gusta y solo les falta aplaudirte cuando acaba la clase. Es más, te aplauden como si en vez de en clase estuvieran en un concierto de Coldplay. O, si son menos exquisitos, de los Gemeliers.

★ ★ LA OPCIÓN REALISTA

La parte técnica funciona regular: el ordenador tarda en arrancar, el wifi se cuelga, el cañón proyecta las imágenes con un filtro verde rarísimo...

La parte humana va de aquella manera: los alumnos te interrumpen veinte veces con cuestiones trascendentes del tipo ¿esto entra en el examen?, ¿lo copiamos o no?, ¿ahí que pone?, ¿pero qué tenemos que hacer?... El entusiasmo es, digamos, relativo y nadie se entera del todo de lo que están haciendo ni de para qué sirve.

★ LA OPCIÓN HIPERREALISTA

La parte técnica va de pena: el ordenador (que es de la época del Spectrum) casi no arranca, el wifi no va ni a pedales, el cañón no identifica la conexión y no hay modo de que se proyecte nada...

La parte humana es un descontrol: como aquello no arranca, la clase se convierte en un caos, todo el mundo empieza a hablar cada vez más alto, se levantan no sé sabe adónde ni para qué aprovechando que tú sigues peleándote con el ordenador y la sesión acaba con un cabreo de dimensiones catedralicias y unos cuantos partes.

A pesar de todo, la pizarra digital ha demostrado ser utilísima para innovaciones tan radicales y revolucionarias como proyectar Powerpoints y, sobre todo, poner películas (especialmente los viernes o la última semana antes de vacaciones). Por lo demás, las innovaciones metodológicas de la escuela del siglo XXI son, cuando menos, sospechosamente similares a los procedimientos del siglo anterior y hasta del milenio anterior, si nos ponemos... Es más, podríamos jurar que en Altamira, entre pintura y pintura, ya educaban así. Y sí, hay centros que trabajan por proyectos o institutos con iniciativas pedagógicas propias (bravo por ellos), pero la mayoría sigue respondiendo que sí a cuestiones como estas. Marca todo lo que hayas hecho como alumno (si ya no lo eres) o todo lo que hagas aún (si lo sigues siendo):

	SÍ	NO	NS/NC
¿Usas libro de texto?			
¿Haces exámenes?			
¿Tu curso tiene 3 evaluaciones?			
¿Te dan un boletín de notas por evaluación?			
¿Te evalúan con notas del 1 al 10?			
¿Te mandan deberes para casa?			
¿Te motivan con positivos y negativos?			
¿Haces ejercicios de rellenar huecos?			
¿Y actividades de relacionar con flechas?			
¿Te piden que justifiques tus respuestas?			
¿Te gustaría decirle un par de cosas al mamón de **justifica tu respuesta**?			

Resultado

A. Si has marcado mayoría de síes, es que tu escuela del siglo XXI es igualita a la escuela del siglo XX. Afróntalo.

B. Si has marcado mayoría de noes, estás mintiendo como un bellaco. ¿De verdad pensabas que nos lo íbamos a creer?

C. Si has marcado mayoría de No sabe / No contesta es que no estabas prestando atención y, lo sentimos mucho, pero te acabas de ganar un parte.

2.
¿CUÁL ES LA MEJOR HORA PARA DAR CLASE?

Hay muchas respuestas posibles, pero solo una verdadera:

NINGUNA

La primera hora no es la mejor, porque todos (alumnos y profesores) llegamos medio dormidos, así que nadie se entera de gran cosa. Hay poco ruido, eso sí, porque el sueño no da para grandes alardes comunicativos. Ellos no hablan y nosotros explicamos con el piloto automático puesto. Ninguno se entera de nada, pero gracias a la somnolencia ni hay problemas ni se ponen partes.

La segunda hora tampoco es la mejor, porque alumnos y profesores se han empezado a despertar y lo único que les apetece es que llegue el recreo para tomarse el café o el bollo (va por edades) y ponerse al día con sus colegas de lo que hicieron la tarde anterior. Empiezan los murmullos y los cuchicheos, pero como todavía no nos hemos despertado del todo, sigue sin haber partes.

La tercera hora no es nunca la mejor, porque es la anterior al recreo y todo el mundo espera el timbre que marque el final de la clase como si fuera la sirena que anuncia del hundimiento del *Titanic*. La carrera hacia la puerta de salida es comparable a la que haríamos si tuviéramos que pelearnos por un bote y evitar así que la egoísta de Kate Winslet nos deje morir congelados agarrados a una miserable tabla porque a ella no le da la gana de hacerse a un lado. Aquí, como solo pensamos en ese momento de libertad, por breve que sea, tampoco hay partes.

La cuarta hora jamás es la mejor, porque llegamos acelerados después del recreo y, normalmente, tarde, así que mientras los callas, los tranquilizas, te sientas y te pones en situación se te va media clase. Además, como ahí ya está todo el mundo muy despierto, lo más normal es que los alumnos hablen, los profes se cabreen porque los alumnos hablan y alguien, precisamente por hablar, se lleve el primer parte.

La quinta hora no puede ser nunca la mejor, porque los alumnos están cansados de aguantarnos (llevan cinco horas seguidas oyendo conferencias sobre toda suerte de temas y materias) y solo piensan en que les queda cada vez menos para recuperar su libertad. Se suman así el cansancio, el hambre y el aburrimiento contenido. Aquí, como es previsible, llueven partes.

Y qué decir de la última hora, que puede ser la sexta o, según los centros, incluso la séptima. Esa sí que no es la mejor ni de coña. Durante los últimos cincuenta minutos de la jornada la mirada de los alumnos se dirige fijamente hacia el pomo de la puerta de salida, que podrían fundir de la intensidad con la que desean abrirlo. Por supuesto, el docente no es inmune al deseo de largarse de allí después de haberse estado desgañitando otras tantas horas y de sentir que ya no le queda más que un hilo de voz que trata de imponerse a los treinta adolescentes que tiene frente así. En realidad, la sexta hora es una clase que transcurre hacia atrás: lo único que importa son los minutos que quedan para salir del instituto y no hay alumno que no lo viva como una especie de *remake* cotidiano de *Cadena perpetua*.

Por supuesto, a estos datos —absolutamente científicos— hay que sumar posibles agravantes, como que tu hora de clase tenga lugar justo después de Educación Física. Este hecho te garantiza que desarrollarás una suerte de superpoder que te hará inmune a cualquier olor o sustancia tóxica que puedas encontrarte en el futuro. No solo por la sudoración propia de la actividad deportiva, sino también por el sugerente combinado aromático que se provoca gracias al uso indiscriminado —y en cantidades industriales— de desodorante AXE (y similares). De modo que en cuanto el docente entre en el aula, y así se esté a cinco grados bajo cero (tiempo muy finlandés, por otra parte), el profesor correrá a abrir todas y cada una de las ventanas de la clase con el mismo ímpetu que si se fuera a tirar por ellas. Porque entre la asfixia y la congelación, siempre parece mucho menos dolorosa la segunda alternativa.

Otros motivos que facilitan el transcurso de las clases son los exámenes, que impulsan a los alumnos a estudiar muchísimo... durante tu asignatura. Y mucho mejor es cuando te encuentras a uno de tus estudiantes elaborando, con mimo artesanal, una chuleta para el examen que tiene esa misma mañana con otro profesor. Algunas, la verdad, son tan monas que dan ganas de quitárselas para venderlas a alguna editorial y publicarlas en esos libros de claves para aprobar tal asignatura donde nunca están las claves que buscas, sino las que el editor cree que tú deberías encontrar.

Como los horarios son imperfectos, siempre hay algún padre que tiene la solución *ad hoc*: ¡hay que dar clase por la tarde! Porque todo el mundo sabe que la hora de la siesta y nuestro clima, tan finlandés él, es muy favorable para el estudio en profundidad de álgebra o filosofía. Seguro que Descartes, si hubiera vivido en Gandía o en Córdoba, se habría puesto a filosofar como un loco después de comer y en vez de un *Pienso, luego existo* nos habría dejado un *Me amodorro, pero resisto* que habría hecho las delicias de la filosofía occidental.

A los padres provespertinos les importa bastante poco el clima, la digestión o demás zarandajas, porque para ellos no hay mejor horario que el que permite que sus hijos estén muchas horas en algún sitio que no sea en su casa. Los hijos en cuestión no quieren ni oír hablar de volver al instituto por la tarde, a no ser que sea para hacer alguna actividad extraescolar o para quedar en la puerta del centro con sus colegas e irse juntos al parque más cercano. Pero el padre provespertino es muy tenaz y nunca se rinde. En algunas ocasiones, es más, hasta lo consigue...

Por supuesto, hay horas que pueden ser aún menos productivas que las normales, como las de la última semana antes de vacaciones en cualquiera de los tres trimestres. Sea cual sea tu trabajo, antes de quejarte de él, párate a imaginar cómo debe de ser estar en un aula con treinta adolescentes que saben que solo en cuatro, tres o dos días serán libres. Tú piénsalo despacio y ya verás cómo se te pasa...

Para completar el despropósito horario hay que contar, además, con esa joyita del calendario escolar llamada Semana Santa. Una celebración que la mayoría de los mortales seguimos siendo incapaces de calcular (¿alguien ha entendido alguna vez cómo funciona?) y que siempre nos pilla por sorpresa. Lo mejor de la Semana Santa es que, además de llegar nunca se sabe cuándo, articula el curso escolar, porque marca el final del segundo trimestre. Así que a veces el segundo trimestre es tan breve que apenas te da tiempo a digerir el turrón navideño y otros años la segunda evaluación se alarga tanto que cuando regresas de Semana Santa ya tienes que ponerles los exámenes de septiembre.

Como el calendario y el reloj no parece que ayuden, parece que la única manera de que una clase funcione es ponerle ganas y tratar de hacer llegar nuestro entusiasmo por lo que contamos. Y eso, sea a primera o a última, sí que funciona.

3.
EL CHICLE

Alguien debería hacer un estudio en profundidad sobre la presencia del chicle en las aulas. Una cuestión que se mantiene idéntica en su gravedad cotidiana desde el principio de los tiempos y que seguro que tuvo que ser ya motivo de disputa entre Sócrates y Platón.

—Así que dices, Sócrates, que solo sabes que no...

—Platón, ¿te quieres sacar el chicle de la boca, por favor?

Las posturas en esta delicada materia están clarísimas y son solo dos:

- Chiclefobia docente: aversión irracional al chicle en el aula que da lugar a reacciones de censura inmediata.
- Chiclefilia estudiantil: adicción igualmente irracional al consumo de chicles y cualquier otra sustancia mascable ante la que un alumno de la ESO es incapaz de controlarse.

Habría que pararse a pensar por qué, cuando descubrimos que alguien está mascando chicle, reaccionamos como si, en vez de un chicle, llevara un revólver y estuviera a punto de dispararlo.

—Tira el chicle. ¡Ahora!

Si hubiera una policía especial antichicle la llamaríamos sin dudarlo, porque nos provoca un perverso placer cazar a esos mascadores profesionales capaces de masticar durante horas sin sentir cansancio alguno en sus mandíbulas. Un placer que solo llega a su punto álgido cuando vemos cómo ese mismo chicle es envuelto en una hoja arrancada del cuaderno y lanzado con furia a la papelera. Con furia o con tristeza, depende, porque que te pillen con el chicle es, en su campo, una derrota en toda regla.

Tampoco se sabe a qué se debe esa chiclefilia común a todos los estudiantes de Secundaria y Bachillerato, excepto en Finlandia, donde seguro que si ven un chicle cerca denuncian al que intenta vendérselo.

¿Qué encuentran los alumnos en ello? ¿Qué placer obtienen mascando a diestro y siniestro cuando saben que no deben hacerlo? ¿Qué oscuro motivo les lleva a semejante rebelión mandibular? ¿Cómo pueden soportar con el mismo chicle durante horas y horas de clase? ¿Por qué todos hemos sido parte de ese complot universal de chicléfilos?

Las preguntas, claro está, son muchas y muy profundas, pues habría que hacernos otras tantas a los profesores, que experimentamos una transformación a lo Jekyll y Hyde cuando el chicle hace presencia en nuestra clase.

También es cierto que las aulas cada vez albergan más comida y bebida de todo tipo. Que si la palmera de chocolate que me ha sobrado del recreo, que si una bolsa de patatas, que si la lata de Coca-Cola... Al final tienes que elegir entre ser un rancio y prohibirlo todo o fingir que no lo ves y tolerar esa especie de chiringuito de refrescos, bollos industriales y gominolas.

Pero nada de todo eso, ni siquiera las gominolas, nos altera tanto como lo hacen los chicles, que deben estar inoculados en nuestro ADN docente sin que nosotros nos hayamos dado cuenta. Y seguiremos combatiéndolos hasta el fin de los siglos. Sin piedad. Con dureza. Porque un chicle es siempre un enemigo.

Y punto.

4.
EL MAPA DEL AULA

Hay muchas maneras de colocar a los alumnos en un aula y, por supuesto, todas funcionan igual de bien. Es decir, de pena. Estos son algunos de los modelos más populares y que seguro que, como estudiantes, hemos vivido:

EL ORDEN ALFABÉTICO

Todos lo hemos sufrido. Y sabemos lo duro que era sentarte al lado de Garcés cada año por culpa de apellidarte García. Que Garcés y tú fuerais incompatibles, que os aburrierais mortalmente, que te cayera de pena e incluso que os odiarais como Batman y Joker daba lo mismo. Ahí estabais curso tras curso, sentados uno al lado del otro o uno detrás del otro.

Por supuesto, puede ser aún peor, porque lo mismo Garcés es la persona de tus sueños, esa chica o ese chico que no te hace ni caso y que a ti te quita el sueño. Pues ahí lo tienes, bien cerca para que veas cómo te ignora y pasa de ti en una crueldad sentimental sin límites.

El deber de un alumno a quien obligan a sentarse por orden de lista consiste, precisamente, en no sentarse por orden de lista. Si lo hiciesen, dejarían de ser adolescentes y habría que sospechar que estamos dando clase a un grupo de replicantes salidos de *Blade Runner*. Así que lo lógico es que lo cuestionen, que se rebelen y que cada vez que otro profesor entre en el aula, ellos se hayan sentado como les haya venido en gana. Para evitarlo, más de un aplicado tutor dibuja y pega en la mesa del profesor un mapa del aula (que ni los de la Tierra Media en las ediciones de *El señor de los anillos*) donde figura cómo debe estar colocado cada alumno (mesa y lugar exactos). El docente que entra en clase puede optar por perder media clase revisando si ese mapa se cumple sin alterar ni una sola de sus fronteras o puede pasar del plano en cuestión y limitarse a comenzar con su materia. Por suerte para los alumnos, la segunda alternativa es más que frecuente.

EL ORDEN LIBRE

Siempre ha sido mi opción, pero tampoco es perfecta. Porque el orden libre deja de ser libre en cuanto esos alumnos que sabes que no deben sentarse juntos, lo hacen. Intentas aferrarte a tus principios, llevar la disciplina sin necesidad de alterar su elección... Lo pruebas todo hasta que te olvidas de que el orden era libre y te comportas como un pequeño tirano que hace del aula su particular reino. Porque hay un momento en que ese grupo cruza la línea que va de hablar y dar la lata (algo asumible hasta cierto punto) a molestar al resto de compañeros y ahí, por solidaridad con los demás alumnos, te toca intervenir.

Por otro lado, el orden libre es de tipo emocional y bien sabemos lo estables que son los amores y los odios en la adolescencia (esto mismo, por cierto, es aplicable a muchos que conocemos en la edad adulta). El caso es que tú les invitas a sentarse con quien quieran confiando en que esa colocación se mantenga durante el curso y así tengas algo a lo que agarrarte para aprenderte de una vez sus nombres y sus caras (con doscientos alumnos por profe no es tarea sencilla). Pero eso no sucede, porque basta que A le diga a B que le han contado algo muy feo de C para que

B coja sus cosas y deje de sentarse con C, pidiéndole a D que le cambie el sitio junto a C para sentarse junto a E, a pesar de que D, en realidad, querría estar con A, por lo que D le dice a A algo igual de malo de B y B ya no sabe si puede fiarse de A ni si debería sentarse con E. Una versión melodramática del juego de las sillas que no solo varía de semana en semana, sino hasta de día en día y de clase en clase. Apasionante.

★ EN FILA ★

¿Hay algo más triste que dar clase sentados en fila? ¿Alguna imagen que nos pusiera más mustios cuando éramos alumnos y entrábamos al instituto? No sé cómo se sentarán en Finlandia, pero seguro que no es así, en una isla minúscula donde cada alumno está solo con su mesa y con su silla. ¿Solo? Tampoco, porque como hay tantos alumnos por aula da igual que te pongan en fila, al compañero lo tienes bien pegado a ti. Y si algo hay comprobado es que no hay clase que hable más que aquella donde los alumnos están dispuestos en fila de uno. No falla. Y eso cuando no entienden la separación como la excusa ideal para pasarse notas que a veces más que papelitos discretos parecen copias manuscritas e íntegras de la *Celestina*. Todo sirve con tal de romper el aislamiento y en eso de romper fronteras los adolescentes son expertos. Por suerte para ellos.

★ EN CORRO ★

Lo he intentado. Lo juro. Y seguro que no soy el único... Es más, creo que la mayoría querríamos dar clase así, como si estuviéramos en la Academia de Atenas, pero se nos olvida que el espacio del aula no es, precisamente, Atenas... Así que uno intenta que se pongan en corro hasta que se da cuenta de que tiene dos opciones: o hacer el corro en el patio (porque treinta adolescentes no caben así dispuestos en un aula) o dividir la clase en varios grupos y que cada día acuda solo uno de esos grupos. Como ninguna de las dos soluciones parece muy adecuada, al final uno se resigna y se olvida de esa ubicación ideal para asumir opciones más realistas...

Al hecho demostrado de que no hay ubicación perfecta hay que sumar dos nuevos factores: la primera fila y el alumno tetris.

En principio, parecería que el problema de la primera fila es que nadie quiere ocuparla pero, aunque eso sea cierto (¿a quién le puede gustar sentirse observado todas y cada una de las mañanas de su vida?), muchos alumnos tienen preferencia para sentarse en los primeros sitios por cuestiones diversas que suelen tener un motivo médico real (problemas de audición, de visión, de atención... y cualquier otro certificado médico que los padres te entregan). El problema es que, a menudo, tienes más alumnos con derecho en la primera fila que lugares reales en ella, así que o te inventas una primera fila de veinte personas o no hay manera de casar los sitios libres con las personas que lo necesitan. En esa situación lo único medianamente equitativo es que roten semanalmente, por ejemplo, de modo que el mapa del aula se convierte en un ser vivo y cambiante que uno nunca termina de conocer.

En el caso de los alumnos con TDAH (Trastorno por Déficit de Atención e Hiperactividad), circunstancia cada vez más frecuente en las aulas, no solo se recomienda la primera fila sino que los expertos y terapeutas aconsejan dejarles pasear libremente por la clase, pues les cuesta mucho menos concentrarse si no se sienten obligados a permanecer sentados toda la mañana. El consejo seguramente es muy útil, pero el problema viene cuando tienes cinco o seis alumnos con esa misma circunstancia en un aula donde apenas te puedes pasear tú como profesor en el estrecho pasillo que queda libre entre las mesas. Alguna vez lo he intentado, pero el resultado de tener a no sé cuántos alumnos paseándose entre las mesas tampoco ayuda mucho y da la sensación de que estuviéramos todos en el metro en hora punta.

¿Y quién es el alumno tetris? Pues ese al que no sabes cómo colocar porque no hay manera de que no hable con cualquiera que le sientes alrededor. Sabes que si lo pusieras junto a un geranio, el geranio se convertiría en un incansable orador, pero tú sigues intentando encontrar la combinación perfecta para que atienda y aprenda o, en caso de resignación total, deje atender y aprender al resto. No importa dónde lo muevas, ni cómo lo sientes, ni cuántas veces lo cambies de sitio: en todos encuentra la forma de desarmarte, que para eso tiene don de lenguas.

5.
DECORACIÓN Y *DRESS-CODE*

Alguien debería plantearse alguna vez por qué es necesario que el instituto, como espacio, sea esencialmente feísta.

No se trata de revolucionar el mundo de la decoración de interiores, ¿pero de verdad tenemos que creernos que esas paredes verde hospital ayudan a relajarse? ¿Quién no ha desarrollado una aversión estética profunda a esos tonos desvaídos y tristes en un espacio que debería ser motivador y agradable? Por no hablar de las verjas, rejas, vallas, muros y cerraduras múltiples que hacen que entrar en ciertos centros sea todavía más complicado que salir de ellos. Pero como durante el horario escolar el instituto se vuelve responsable de todo (así, en general) a veces no queda más remedio que optar por esas medidas de seguridad para evitar problemas, así que uno no sabe si está entrando en un centro escolar o en las dependencias de *Orange is the new black*.

Por si todo eso no fuera ya suficiente estímulo visual, es habitual que los docentes decoremos las paredes del centro, de las aulas y de los departamentos con todo tipo de carteles que, relacionados (o no) con nuestra asignatura, pueden permanecer allí hasta el fin de los tiempos. Así que entre las láminas que nos regalan desde las editoriales de libros de texto (que van de un póster de la célula —sí, hay pósters de eso— a los consabidos carteles con palabras habituales en inglés) y los pósters que nos traemos de casa configuramos una decoración que no sé si estimulará a los alumnos, pero desconcertarlos, seguro que los desconcierta bastante. Junto a ello, hay que recordar el mundo de los objetos pretéritos, ese museo de herramientas didácticas que se acumula en los departamentos y que incluye esqueletos a los que les faltan la mitad de los huesos o mapas tamaño XXL donde todavía figura la URSS.

La decoración se completa, cómo no, con la ayuda de los trabajos de nuestros propios alumnos que, en cuanto podemos, colgamos fuera de los límites del aula. A veces ya sería cruel verlos dentro del aula, pero no conformándonos con eso decidimos compartir con el resto de la comunidad educativa, claro que sí, cuanto mural, lámina, dibujo o creación visual han hecho para una de nuestras asignaturas. Y hay algunas, como en Plástica, donde por lo menos lo que hacen está tutelado y orientado hacia un fin artístico, pero en otras resulta más que cuestionable qué razón extraña ha llevado al profesor a creer que esa colección de obras, digamos, *estéticamente arriesgadas* debe ser disfrutada por el resto de alumnos y compañeros.

Si todo ello no fuera motivo suficiente para el gozo estético, aún queda otro elemento: el vestuario. Porque entre el *dress code* de ciertos profes y el de ciertos alumnos el resultado oscila entre lo cacofónico y lo bizarro. Un resultado que nos lleva a hacernos algunas preguntas.

☞ **1.ª pregunta:** *¿por qué las capuchas?* Sí, y yo también las llevo —lo confieso—, pero no siento la necesidad irrefrenable de ponérmela cuando estoy en un lugar cerrado. Da igual que sea junio o que haga cuarenta grados a la sombra, hay alumnos que también ahí llevarán su capucha, pegada a su sudadera, a su chaqueta, a su camiseta sin mangas (que merece capítulo aparte) o directamente a su espalda.

☞ **2.ª pregunta:** *¿quién demonios pensó que las camisetas sin mangas eran una opción?* Y por qué nadie se plantea que esas modas acaban formando parte también de la vestimenta de los alumnos, que en ese proceso adolescente de descubrimiento de su cuerpo deciden que es una idea estupenda lucir brazo en cuanto llega el verano. O en cuanto llega la primavera. O en cuanto llega el otoño. O ya si eso, directamente desde el invierno. Hay chavales a quienes no se les ha visto nunca con mangas y, aunque ellos prometen tener alguna en casa, no hay constancia de ello.

☞ **3.ª pregunta:** *¿qué se pondrán para salir de fiesta ciertas alumnas que vienen al instituto como si fueran con sus amigas a la discoteca?* Y si nadie las ha avisado de que, quizá, ciertos tacones no sean lo más cómodo para correr por el pasillo de 4.º de la ESO.

☞ **4.ª pregunta:** *¿hasta dónde estamos dispuestos a considerar que alcanza el adjetivo «baja» en los «pantalones* *con cintura ídem»?* Puede que se esté pasando de moda (o eso es lo que yo quiero creer), pero no hay alumno que al salir a la pizarra no nos regale un estupendo plano de su ropa interior (cuando no, directamente, un momento hucha) mientras trata de no tropezarse con la cintura del pantalón que le cae, más o menos, por las rodillas. Por no hablar de la desconcentración que, si pensamos en su misma clave hormonal adolescente, podemos imaginar que experimentan ellas y ellos cuando ven al compañero de delante mostrando ya sea el boxer, ya sea el tanga mientras el pantalón sigue escurriéndose casi hasta los tobillos. Que la «cintura baja» haya llegado también al mundo de la ropa deportiva es otro prodigio fascinante y verlos correr en Educación Física con los pantalones anudados casi en los talones no tiene desperdicio.

☞ **5.ª pregunta:** *¿por qué los profes somos a veces tan aburridos vistiendo?* (donde pone profes se puede poner también gente en general) y, sobre todo, dónde se compran los jerséis de rombos ciertos compañeros (es más, la verdadera pregunta es por qué siguen existiendo los jerséis de rombos). Hace unos años, cosas de la televisión, se puso de moda el chaleco a lo *Glee* y había más de uno (vale, sí, me incluyo) que incorporó a su guardarropa una colección de chalecos múltiple con los que sentirse como Mr. Shue, el profe que en la serie interpretaba Mathew Morrison, cada vez que entraba en el aula.

☞ **6.ª pregunta:** *¿a qué se debe la pasión peluquera de los alumnos de la ESO?* No hay clase donde no haya alguien que se dedica a peinar, repeinar y volver a peinar a quien tenga delante. Y no necesitan ni peine ni material alguno, les vale con un lápiz o un poco de imaginación, así que ahora te hago una coleta, ahora te hago una trenza, ahora te paso el pelo por delante, ahora te paso el pelo por detrás... El profesor intenta no desconcentrarse mientras prosigue el anuncio de Pantene —ahora te hago un moño alto, ahora te hago un moño bajo, ahora te hago un moño lateral, ahora te hago un moño con bucles, ahora te hago un moño con flequillo...— hasta que, hasta el moño de tanto moño, exige que cese la sesión capilar.

7.ª pregunta: *¿a quién hay que denunciar por inventarse las deportivas con suelas luminosas?* Por si nuestros alumnos no encontraran suficientes motivos de distracción en el aula (como una mosca, mismamente, que hay que ver la de juego que da cada mosca que se cuela en clase) también tenemos ahora zapatillas que se iluminan aleatoria o voluntariamente como si el alumno llevara una discoteca incorporada en los pies. Nada tan útil, por otro lado, y tan práctico a la par que discreto. Imagino que el creador de las camisetas sin mangas ha tenido algo que ver y espero que alguien lo identifique y detenga cuanto antes.

Por suerte, como todos sabemos, la belleza está en el interior (que es de lo poco que hemos aprendido viendo *La bella y la bestia* y otras joyitas zoófilas de Disney), pero no estaría de más cuidar un poco la exterior por aquello de que, quizá, un entorno de espacio con menos rejas, menos verde hospital, más zonas verdes y un sentido espacial más estético seguramente sería también un entorno más amable para todos. Eso y definir de una vez qué es la cintura baja. Las dos cosas ayudarían muchísimo, la verdad.

6. DEBERES, MUCHOS DEBERES

Hay muchos padres haciendo la ESO.

A todos ellos: ánimo. Me consta que son miles, qué digo, cientos de miles los padres que se pasan las tardes rellenando cuadernos de problemas matemáticos, resolviendo fórmulas químicas, analizando subordinadas adverbiales, redactando comentarios de texto, analizando tablas demográficas y elaborando —placer entre los placeres— todo tipo de trabajos de Plástica. Por si fuera poco, ahora los deberes también los hacen en inglés y hay más de un padre que me ha confesado que ha empezado a estudiar el idioma de Shakespeare para que su hijo, matriculado en un instituto bilingüe, pueda sacarse la ESO dignamente.

A veces, cuando se nos llena la boca hablando de la conciliación familiar (esa utopía que quizá exista en Finlandia pero a la que aquí, desde luego, no vemos ni de lejos), dudo si esa conciliación se refiere a que los padres puedan pasar más tiempo con sus hijos o a que los hijos puedan pasar más tiempo con sus padres. Teniendo en cuenta la cantidad de deberes que nuestros alumnos llevan de cada materia lo habitual es que no puedan relacionarse con nadie que no sea su cuaderno, su ordenador y su libro de texto. Luego, eso sí, nos quejamos de lo poco comunicativos que son los adolescentes, cuando el sistema escolar se basa en tenerlos produciendo ejercicios en serie.

Por si fuera poco, los libros de texto contribuyen gratamente a esta tortura, porque no solo tienen las actividades convencionales y necesarias. Qué va. También hay actividades para completar. Y actividades para repasar. Y actividades para saber más. Y actividades para aplicar lo que has aprendido. Y actividades para comprobar si lo has aprendido. Y actividades para confirmar que has comprobado bien que lo has aprendido. Así hasta que las actividades te salen por las orejas y odias con todas tus fuerzas lo que supuestamente estás aprendiendo.

En esto de los deberes hay varios niveles de crueldad, porque además de pedirles que trabajen en casa, algo que nadie ha demostrado nunca que tenga utilidad alguna, también se les pueden exigir tareas tan útiles como, tachán, copiar los enunciados. Pocas órdenes me parecen tan perturbadoras y, a la vez, enigmáticas: ¿qué fruto obtendrán copiando esos enunciados? ¿Por qué esa obsesión? ¿Qué afán se oculta tras esa instrucción? ¿Cuál es su objetivo real? ¿Acaso se está formando una tribu secreta de copistas que acabarán conquistando el mundo en unos años armados de una caligrafía perfecta?

Gracias a los deberes, copiando o no copiando los enunciados, también se fomenta la convivencia padres e hijo. Y de qué manera. Durante unas horas, todas las tardes de la semana, se sientan juntas las dos generaciones: la generación que llega a casa hasta las narices de haberse pasado el día currando y la generación que está en casa igualmente hasta las narices de haberse pasado el día en el instituto. No hay mejor momento, pues, para reunirse ambas en torno a un cuaderno e iniciar, gracias a los deberes, una armónica sesión de debate familiar:

—Este problema hazlo mejor así.

—No es como nos ha dicho la de Mates.

—Que lo hagas así y punto.

—Es que la de Mates ha dicho...

—Coño con la de Mates. Qué me va enseñar a mí esa, si yo soy ingeniera.

—¿Así entonces?

—Así no, hijo, así no. ¿Tú te estás enterando?

—Que sí, mamá.

—No, es que parece que no te estás enterando.

—Que sí me estoy enterando.

—Llevo aquí una hora ayudándote con la dichosa ecuación y ni para atrás ni para adelante.

—Joder, pues no me ayudes.

—¡A mí tú no me hablas así!

Gracias a los deberes, en los hogares españoles no solo cenamos tardísimo (mucho más tarde que en Helsinki), sino también cabreados, con un mal rollo global que nace en el mismo momento en que el adolescente y sus progenitores no son capaces de ponerse de acuerdo en cómo se ha de resolver una ecuación de segundo grado o en cuál es el núcleo de cierto sintagma nominal.

Aún recuerdo a una madre de una alumna mía de 2.º de la ESO que, en junio, tras comprobar que su hija había suspendido cinco asignaturas, vino a hablar conmigo, que era su tutor. Me miró como si la hubiera suspendido a ella y solo me dijo:

—No lo puedo creer. Con lo que hemos estudiado.

Ese *hemos* es la clave de todo, porque a veces pienso que deberíamos dar dos boletines de calificaciones: uno al alumno y otro a sus padres, para que si el primero suspende, los segundos —por lo menos— sepan que ellos aprueban con nota la asignatura. Seguramente todo eso se evitaría si los padres no cayeran a veces en una sobreprotección excesiva (tampoco hay nada de malo en que sus hijos aprendan a organizarse y a ser autónomos) y los profesores racionalizásemos mucho más las tareas que pedimos a nuestros alumnos fuera del horario escolar.

Una vez llegué a acercarme a un alumno de 1.º de la ESO para llamarle la atención por estar emborronando su agenda mientras yo explicaba y cuando me acerqué, antes de que pudiera decir nada, me di cuenta de que no era un borrón, sino el listado de deberes que el pobre tenía para el día siguiente: se iba a casa tan cargado de obligaciones que, entre los deberes y las actividades extraescolares a las que le habían apuntado sus padres, se le habían acabado las líneas en blanco del martes y estaba utilizando los huecos que le quedaban para apuntar los cientos de tareas que le habían pedido para el día siguiente. Por supuesto, no le regañé y a punto estuve de darle mis más sinceras condolencias.

Porque si los profes nos pasamos con los deberes, los padres se pasan con las extraescolares, tanto que a veces resulta difícil saber si quieren tener hijos renacentistas o, sencillamente, mantenerlos fuera de casa el mayor número de horas posible. Así que en cuanto el bebé da muestras de estar vivo ya le están apuntando a inglés, francés, judo, natación, violín, danza clásica, fútbol, balonmano y clases de refuerzo de matemáticas para que vaya preparando el Bachillerato con mucho tiempo. Sumando los entrenamientos, los idiomas, la música, las academias y los partidos de los fines de semana (donde, por las reacciones de ciertos padres reconvertidos en *hooligans*, parece que más que participar en una liga juvenil se jugaran la Champions League), a muchos chicos apenas les queda tiempo para nada... Salvo para sus deberes. Por supuesto.

Hace poco una vecina mía me confesaba que no había podido irse de fin de semana con su familia porque su hija tenía un examen de Lengua.

—¿Pero en qué curso está?

—¿Mi hija? En 2.º.

—¿De Bachillerato?

—No, de Primaria.

Que una familia no pueda irse a pasar un fin de semana porque una niña de siete años tiene un examen de Lengua dice mucho de hasta qué punto estamos perdiendo todos la cabeza. Porque si hay algo que está demostrado es que los deberes no mejoran el nivel, ni favorecen el aprendizaje, ni consolidan conocimientos. Lo mejor es trabajar en el aula, con la ayuda del profesor, con la colaboración de los compañeros y en un clima que haga que el aula sea un lugar de verdadero estudio, no un sitio donde los sentamos durante seis horas para que hibernen y estudien después en sus casas. Mientras eso no cambie, seguiremos evaluando a los padres en vez de a los hijos y las familias continuarán cursando la ESO eternamente, en un ciclo sin fin donde los deberes no terminan nunca.

7.
MÉTODOS CREATIVOS

¿Quién dijo que los profes no innovamos? Pues claro que lo hacemos, solo que innovar tiene sus riesgos (muchos) y como el sujeto experimental es un grupo de adolescentes en período de expansión hormonal, los resultados no son siempre los más afortunados...

En mi caso, uno de mis mayores retos consistió en convertirme, por exigencias del guion, en profesor de alemán. Y aunque tenía todo tipo de métodos y libros a mi alcance (pues decidí hacerme con cuanto manual de alemán se hubiese publicado en los últimos años para sentirme más seguro), pensé que era mucho mejor estrenarme con un ejercicio de mi invención. Y así lo hice. A fecha de hoy, me consta que aquellos alumnos aún recuerdan esa clase como la más surrealista de su paso por la Secundaria.

Entré en un 1.º de la ESO sin libro, sin cuaderno... y con un balón. La entrada ya desconcertó a aquel grupo de estudiantes de doce años que eran, además, los únicos valientes que se habían apuntado a una optativa que se estrenaba ese mismo año. Aún no me explico cómo, tras semejante comienzo, la optativa en cuestión no solo llegó a consolidarse, sino que acabamos sorteando qué alumnos podían o no cursarla, ante la demanda. Es más, hubo un caso de un auténtico Mr. Ripley: un alumno de 1.º que se coló en mi clase afirmando que estaba matriculado en ella y mostrando, como prueba irrefutable, el libro de texto que le habían comprado sus padres. Nada más salir del aula me encontré en Jefatura con otro pobre chaval que se lamentaba de que algún desalmado le había robado su libro de alemán el primer día... Mr. Ripley acabó estudiando francés, pero no dejó de parecerme —en adelante— una presencia más que perturbadora... Teniendo en cuenta la clase del balón, lo esperable es que los padres hubiesen impedido que sus hijos cursasen aquella extraña optativa. Pero ocurrió exactamente lo contrario.

Y allí estaba yo. En mi primera clase de alemán. Convencido de que lo mejor era hablarles en la lengua de Goethe desde el principio (inmersión, ante todo, inmersión) y así lo hice. Me presenté y les pedí, con la ayuda de todos los gestos que fui capaz de improvisar, que se situasen en círculo. Tardé unos quince minutos de clase (no está mal, teniendo en cuenta que cada sesión dura cincuenta) en que me entendieran y se pusieran como yo quería. Ese tiempo, al menos, me hizo descubrir en mí unas dotes de mimo que, con lo difícil que se ha puesto esto de la escritura, lo mismo aprovecho cualquier día en algún semáforo.

Una vez puestos en círculo, comencé la actividad. Pretendía que aprendieran a presentarse jugando con el balón y estaba convencido de que iba a ser un ejercicio de lo más intuitivo:

—Ich heisse Fernando, und du?

Esa era mi frase («Me llamo Fernando, ¿y tú?»). Cortita y con un Fernando bien claro en medio. Después, el *«und du?»* («¿y tú?») iba seguido del lanzamiento del balón a un alumno que debía imitar el modelo y responder:

—Ich heisse Óscar, und du?

Para después de hablar, volver a pasar la pelota a un compañero que, a su vez, respondería con la misma estructura. A mí me pareció sencillísimo y muy natural, así que no me lo pensé dos veces, me situé dentro del círculo, cogí la pelotita, dije mi frase y lancé el balón contra un alumno. Este, que no se lo esperaba, no se movió ni intentó coger el balón, así que se llevó un estupendo balonazo que hizo temblar de pánico a sus compañeros. Ahora ya era obvio: el alemán era mucho peor de lo que habían imaginado. No solo era difícil, también iba a ser doloroso.

Volví a coger la pelota y repetí el mismo movimiento. El alumno siguió sin moverse: segundo balonazo. Le hice señas para que cogiera el balón mientras le repetía: *«Ich heisse Fernando. Fernan-do. FER-NAN-DO. Und du?»*.

—Ahhhh...

Es lo único que dijo. Al fin lo ha pillado, pensé. *Solo* llevábamos cuarenta minutos de clase, así que aún me quedaban diez para demostrar que mi método creativo funcionaba. Y vaya si funcionó. El alumno en cuestión cogió la pelota, apuntó a otro compañero y gritando un sonoro «¡¡¡Fernando!!!» le dio un balonazo con el que estuvo a punto de tirarlo al suelo. Por supuesto, al día siguiente comenzamos a trabajar todos con un libro de texto del que nunca jamás nos separaríamos... Al menos, no durante ese curso.

Y siguiendo con los riesgos de creatividad, en otra ocasión decidí que era una gran idea aprovechar las redes sociales para profundizar con 3.º de la ESO en el estudio de la Historia de la Literatura. En esta ocasión la actividad consistía en crear un perfil de Facebook a un personaje de la literatura medieval. La idea, en principio, tenía gracia... Y hasta empezó siendo simpático el hecho de recibir una solicitud de amistad del Cid o de Melibea: «El Cid quiere ser tu amigo». Colgaban fotos, actualizaban sus estados y empezaron a interactuar entre sí:

Melibea está esperando a Calisto.
A Celestina le gusta esto.

Todo fue bien hasta que mi propio muro de Facebook se llenó de personajes repetidos y me di cuenta de que era amigo de 8 Cides,

16 Celestinas, 7 Melibeas, 15 Lazarillos... Para colmo, no todos se llevaban demasiado bien entre sí y empezaron a surgir peleas de lo más choni entre Melibea y Jimena o el Lazarillo y Calisto. No sé si conocieron o no a los personajes pero aún hoy me encuentro un *like* de alguna Celestina y más de un Cid en mi muro de Facebook.

A veces, eso sí, la creatividad da resultados que merecen (y mucho) la pena, sobre todo cuando son ellos los que crean y no nosotros los que imponemos nuestros métodos. Aún recuerdo una exposición de un grupo de alumnos de Literatura Universal sobre el subgénero de la novela negra para el que acordonaron el aula con una de esas cintas amarillas de película americana (con su *Do not cross* incluido) y vestidos de detectives, que parecían sacados de una novela de Hammett o Chandler, desarrollaron el tema como si de una investigación se tratara. O los vídeos musicales que, una vez que superaron el trauma de la pelotita, rodaron mis alumnos de alemán y que, no por sus medios pero sí por su imaginación, provocarían la envidia de la mismísima Madonna. Lo malo es que cierto grupo, con mucho más desparpajo que las generaciones anteriores a quienes había dado clase, me pidió que grabase mi propio vídeo después de que ellos lo hicieran para mí durante tres cursos seguidos. Y lo hice, perpetré una pieza de —ejem— videoarte que, por suerte, solo se puede ver con contraseña y en la que me marco un *playback* de un tema pop alemán (sí, el pop alemán también existe, que parece que no, pero sí) con la ayuda de una silla y una cuerda. El resultado, por supuesto, es inenarrable. Pero ¿qué no haríamos nosotros por nuestros alumnos? A ver si los finlandeses superan eso (y ahí lo dejo).

8.
EXÁMENES Y CREATIVIDAD

Solo hay algo que un estudiante de la ESO es incapaz de hacer en un examen: dejar una pregunta en blanco.

Da igual que lo sepa, que le suene o que no tenga ni la más remota idea de lo que se le pide que haga: si hay una pregunta en un examen, se responde. Claro que sí. Y a ser posible, se responde mucho y con todo lujo de detalles, vengan o no vengan a cuento.

(Nos vemos en la obligación de advertir que los ejemplos que figuran en este capítulo son estrictamente reales y pueden herir la sensibilidad del lector).

Entre los modelos de respuestas que uno se encuentra por culpa de ese horror vacui de la ESO, se pueden hacer varios grupos:

1. Los amortizadores

Son capaces de sacar rendimiento a lo poco que se hayan estudiado. Recuerdo un examen de alemán en el que tenían que escribir un diálogo y un alumno me llenó cuatro caras, sí, cuatro, con esta fascinante conversación:

—Hola.

—Hola.

—Eso es un libro.

—Sí.

—Eso es un cuaderno.

—Sí.

—Eso es una mesa.

—Sí.

—Eso es una silla.

—No.

Cuando se le agotaron los sustantivos pasó al número dos:

—Eso son dos libros.

—Sí.

—Eso son dos cuadernos.

—Sí.

—Eso son dos mesas.

—Sí.

—Eso son dos sillas.

—No.

Y del dos seguimos con el tres y del tres con el cuatro... Y así hasta el veinte, que era el último número que (por suerte) se sabía el alumno. En un caso así no sabes si darle un 0 por cansino, un 10 por buscavidas o perder el examen directamente para no tener que evaluarlo.

2. Los descubridores

Sus exámenes están llenos de hallazgos que nos iluminan sobre aspectos de la Historia, el Arte y la Ciencia que desconocíamos:

> Los hechos más importantes del Renacimiento fueron la expansión del cristianismo y el descubrimiento de América por Napoleón.

(Hay que reconocer que tiene mérito inventar tanto en una sola frase).

> Los apóstoles escribieron el Antiguo Testamento, pero tuvieron mucho más éxito con el Nuevo.

(Para que luego digan que segunda partes nunca fueron buenas. Seguro que cambiaron de editorial...).

> El Renacimiento surge en Italia en el siglo III, pero no llega a España hasta el siglo XIX.

(Pues no lo tuvo fácil el Renacimiento, no...).

> De la explotación forestal se obtiene madera, corcho y plásticos.

(Y no se obtiene más porque no se ponen...).

3. Los cinéfilos

Todo lo que saben es gracias al cine. Y lo que no saben, también.

¿Qué es un torrente?

¿Una película de Santiago Segura?

4. Los de la lógica aplastante

Ellos no estudian: aplican el sentido común, que para eso lo tienen. Es más, no entienden cómo es posible que les hagamos preguntas tan evidentes en los exámenes. ¡Ni que fueran incapaces de deducir!

La pintura al freso se hace fuera de casa (al fresco) y se deja secar durante días.

(Pues claro que sí, campeón).

El poeta escribe a una urna muerta.

(Con lo cachondo que habría sido que el poeta le escribiera a una urna viva...).

5. Los sinceros

En sus exámenes sueltan lo primero que se les pasa por la cabeza, opinan sobre todo (sea o no pertinente) y lo sueltan con una naturalidad que da gusto:

En este cuento hay dos protagonistas y otros personajes que no valen para nada, pero están en la historia igual.

(Alumno con maneras de futuro crítico literario...).

Comente cómo es el punto de vista en el Quijote.

Mi punto de vista es que es muy largo.

(Razón no le falta).

6. Los observadores

En un comentario de texto histórico, literario o filosófico consiguen estirar cualquier detalle con tal de llenar unas líneas. Sus observaciones están llenas siempre de informaciones sorprendentes a la par que significativas:

El lenguaje de este texto de Galdós es un lenguaje con muchos signos de puntuación. Predominan los puntos cuando acaban las frases y hay comas en medio para que respiremos bien cuando lo leamos.

(Mira tú qué considerado Galdós, que le preocupa que no nos ahoguemos).

En este texto hay muchos verbos conjugados. También se usan sustantivos para dar énfasis.

(Ya me diréis para qué queremos si no los sustantivos...).

7. Los sintéticos

Tienen un lema, «estudian solo lo importante». Y es verdad. Eso no hay quien se lo discuta. Lo que escriben es rigurosamente cierto, aunque también suele ser, digamos, incompleto, así que nunca entienden por qué, a pesar de escribir, se les suspende. ¡Si lo que he puesto estaba bien, profe! Y bien estaba, sí, aunque quizá requiriese un cierto desarrollo posterior... Sus respuestas encierran verdades como puños:

> Shakespeare nació, escribió muchas obras y, finalmente, murió.

(En un examen de la ESO da igual ser un genio de la Literatura Universal que una cucaracha de Cucal: uno nace, vive, se reproduce —si puede o si le dejan— y se muere).

> En la época de Mesopotamia pasaron pocas cosas, pero por lo menos aprendieron a leer los que podían.

(Pues algo que se llevaron los pobres mesopotámicos, mira tú).

8. Los excéntricos

Disfrutan poniendo a prueba los límites racionales del profesor y sus respuestas siempre ofrecen cruces imposibles entre lo que de verdad se ha explicado en clase y lo que les dicta su imaginación. Son los reyes del mestizaje intelectual y acérrimos seguidores de silogismos tipo *Sócrates es hombre → Mi vecino es un hombre → Mi vecino es Sócrates.*

> Molière murió actuando. Por eso, hoy en día, en el teatro se piensa que actuar da mala suerte.

(Es más, todos sabemos que nadie actúa ya, no vaya a ser que se mueran en escena como Molière).

Shakespeare se inspira en cuentos populares para escribir muchas de sus obras. Por ejemplo, para escribir *Hamlet* se inspiró en *El rey León*.

(La secuencia cronológica me da que no quedó demasiado clara...).

La metamorfosis es una de las pocas obras que escribió en vida Franz Kafka.

(Porque las demás las escribió ya muerto, que el hombre estaba mucho más tranquilo).

9. Los surrealistas

Sus respuestas no admiten corrección alguna, pues se sitúan en un nivel de realidad perteneciente a algún universo paralelo desde el que resulta imposible comprender lo que nos quieren transmitir.

La lírica del Renacimiento tiene dos etapas: la arcaica o monarquía, cuyas novelas tienen influencias de etapas anteriores, y la república, en la que las obras hablan más de temas religiosos, aunque tampoco mucho.

(He aquí un texto que hace del guion de *Un perro andaluz* una película anodina y previsible).

En el siglo XVIII nace la Ilustración. Luego, en el Romanticismo nace también la Ilustración.

(La Ilustración siempre llama dos veces).

En la épica destaca la poesía pastoril, donde un pastor canta su amor a las abejas. Ese canto se llama cantar de gesta.

(O cantar de siesta, que es cuando más receptivas están las abejas).

El tema central del texto es el erotismo, que no aparece en el texto.

(Para que luego digan que los silencios no son importantes).

10. Los inventores de neologismos

Siempre están cerca de la palabra correcta, pero nunca llegan a alcanzarla del todo. Su afán por emplear un léxico culto en los exámenes les lleva a proponer nuevas estructuras que harían que se les cayesen las cejas a los miembros más rigurosos de la RAE.

Y entonces fue cuando le blindaron una oportunidad.

(Pues menuda oportunidad sería si tuvieron que blindársela y todo).

¿Cómo se llaman los versos de 14 sílabas?

Alejandrisílabos.

(Si yo fuera Alejandro Sanz le robaba esa palabra para el título de mi próximo disco).

11. Los del trabalenguas

Como llenar un folio de examen a veces no es sencillo, nada como jugar a las familias de palabras y repetirlas tantas veces como sea necesario hasta que el bolígrafo se nos quede seco y el profesor que nos corrige, exhausto:

> Ese descubrimiento científico ha influido mucho en la ciencia actual, por lo que tiene mucha presencia científica en la actualidad y es, actualmente, esencial en nuestro mundo y en nuestra ciencia.

(Y quien lo descientifice buen descientifizador será...).

> La Ilustración fue un periodo donde intervinieron importantes ilustradores.

(No queda claro si piensa que trabajan para las películas de Pixar, pero ilustrar, ilustraban...).

> La lectura en la vida te facilita muchos ámbitos como es por ejemplo poder trabajar, o si estás interesado en leer algún artículo o libro que sin saber leer sería muy difícil hacerlo.

(Pues sí, intentar leer un libro sin saber leer sería complicadillo, no digo yo que no...).

12. Los freudianos

No se sabe si es que no han estudiado lo suficiente o que se les cruzan ideas desde el subconsciente cuando están completando su examen, pero algo hay en sus respuestas que delata una verdad mucho más profunda:

En el *Decamerón* se usa la técnica narrativa de las cajas rojas.

(¿Las de Nestlé? Aquí aprendí que nunca había que hacer exámenes antes de la hora de comer).

13. Los políticamente incorrectos

En sus respuestas siempre dejan clara su visión de la realidad, sin preocuparles que esa visión resulte un tanto dogmática o incluso hostil:

Este libro es solo para gente que suela pensar.

(Y no mintáis, que ahora mismo a todos se nos ha ocurrido a qué tipo de gente jamás les regalaríamos ese libro, ¿o no?).

Los textos románticos están ambientados en cementerios, bares y otros lugares típicos españoles.

(Lo peor es que, a su modo, va a ser que hasta tiene razón...).

14. Los etimologistas

Fanáticos de la lexicografía, pueden inventar el significado de cualquier palabra con tan solo observar los elementos que la componen. Nunca dan ni una, pero su capacidad para crear etimologías es portentosa y digna de mejor aprovechamiento:

El cubismo es el arte que se hace en Cuba.

(Dónde si no...).

El teatro isabelino era un teatro escrito por mujeres. De ahí su nombre.

(Solo le faltó decir que escrito por mujeres que se llamaran Isabel. Exclusivamente).

Define *desaliñadas* y pon un ejemplo.

Desaliñadas: perdidas, sin rumbo.

Ejemplo: Las vacas andaban desaliñadas por el bosque.

(Quién mandará a las vacas andar desaliñadas... Qué rebeldes ellas).

La rima consonante o constante es la que rima continuamente.

(Y que no se le ocurra dejar de rimar...).

El narrador está en tercera persona omnipresente.

(Si es que hay narradores que son de un cansino...).

Poseidón era el dios que lo poseía todo.

(Etimología mitológica).

La Celestina se llamaba así por el color de su pelo, que era celeste.

(Ahí la tenéis, adelantándose unos cuantos siglos a la mismísima Lucía Bosé).

El amor cortés se llamaba así porque eran muy educados y lo pedían todo por favor.

(Si es que con los trovadores daba gusto... Qué tiempos aquellos).

15. Los apasionados de la deconstrucción

Nada les gusta tanto como cambiar títulos, nombres de autores, eventos históricos, movimientos artísticos, composiciones musicales... y bautizarlo todo desde una nueva óptica que podríamos denominar posmoderna, si nos ponemos teóricos, o disparate, si somos realistas:

La obra más conocida de Rosalía de Castro es *En las orillas del Zar*.

Allí estaba ella, cantándole al Zar (aunque no nos aclare cuál).

La obra romántica española más importante es *Don Álvaro o la fuerza del simio*.

(Pues ya sabéis: el Duque de Rivas fue el verdadero creador de Tarzán. Es más, esperamos con ganas la adaptación de Hollywood de esta transgresora obra teatral para la que proponemos rescatar aquel gran éxito goliresco de Melody).

En los años 20 el poder en España estaba en manos de un primo de Rivera.

(Solo le faltó aclarar si era primo de Albert).

El *Cantar de los Nibelungos* narra las hazañas de Sigfrido, enamorado de Karina.

(Y así se pasaron la epopeya, cantando y buscando su anillo en el baúl de los recuerdos).

Baudelaire pertenece a los poetas malditos, igual que Rambo.

(De ahí ese célebre verso de la poesía simbolista: *No siento las piernas...*).

Gonzalo de Berceo estudió en la universidad del Cogollo.

(Famosísima universidad vegana).

16. Los sobrados

No sabemos si lo suyo es despiste o puro cachondeo. ¿Se están riendo directamente de nosotros? Lo que sí sabemos es que no se quedarán mudos cuando viajen fuera de España. Puede que no les entiendan, pero ya se esforzarán ellos por comunicarse con sus dotes creativas:

Examen de Inglés. Conjuga estos verbos:

Disparar: pim - pam - pum

(¿En serio?).

> **Completa la *frase*:**
>
> **Simón Bolívar murió en... >** Simón Bolívar murió en...fermo

(¿En... En serio?).

17. Los del examen inverso

Como no saben nada de lo que les preguntan, responden todo lo que saben, que es lo que no les preguntan.

> Este texto no está en verso y por tanto no tiene métrica. Como no tiene métrica, no es un soneto. El soneto tiene cuatro estrofas, pero aquí no hay ninguna, porque es prosa.

(Y la culpa es del profe por no haberme puesto un puto soneto, le falta añadir).

18. Los explicativos

Su tendencia a explicarlo todo les hace caer en el error por culpa de aclaraciones e incisos que sería mejor haber callado para que nadie se diese cuenta de que, en realidad, no tenían ni idea de lo que estaban escribiendo.

> El tiempo de la novela es lineal, es decir, que el libro se lee poco a poco.

(Eso, no nos vaya a dar una indigestión si lo leemos de golpe...).

9.
UN 4,5 NO ES UN 5: ES UN 4,5

Las notas son uno de los momentos que ponen a prueba el equilibrio psíquico de cualquier docente. No solo tienes que estar preparado para defenderlas ante los alumnos sino también ante los padres. Hay quien no se conforma con ver el examen, sino que solicita una fotocopia y te lo devuelve «corregido». Da igual que el padre sea experto en música y se trate de un examen de Biología, su rotulador rojo se impone sobre el tuyo.

Ante la nota siempre hay varias opciones. En primer lugar está ese alumno legal que asume lo que le ha caído con tal dignidad y madurez que te dan ganas de subirle la nota solo por aceptar su calificación sin excusas ni infantilismo alguno. Normalmente, y por mucho que le revisas el examen, no hay de dónde arañar..., pero te guardas las ganas para el siguiente examen que miras, como no podía ser menos, con mayor generosidad.

Luego está el alumno distópico, es decir, ese que ha hecho un examen «que le ha salido genial» en una dimensión paralela donde calcula que debe haber sacado un 9 o un 10 y que en este otro universo se encuentra, para su sorpresa, con un 2 o con un 3. El alumno distópico suele creer que «el examen le ha salido genial» porque ha escrito muchísimo y está convencido de que cada bolígrafo que ha secado durante el examen es, por lo menos, un punto más. Recuerdo un caso en que una de las preguntas del examen de Literatura pedía comparar y buscar semejanzas y diferencias entre dos sonetos que habíamos trabajado en clase: uno de Garcilaso y otro de Góngora. Un alumno se decepcionó al ver que había suspendido a pesar de que había escrito todo lo que sabía de Garcilaso y, justo después, todo lo que sabía de Góngora. Explicarle que no se pedía eso, que no había ni rastro de la comparación y que, además, era poco probable que Garcilaso fuese un poeta barroco o que Góngora hubiese escrito las *Rimas y leyendas*, como él afirmaba en su examen, fue una tarea —cuando menos— dura. Y no tanto por el rato que exige tanta argumentación, sino por lo doloroso que debe de ser salir del universo distópico para afrontar el universo real.

También está el alumno regateador, el que más cansa. Ese que es capaz de arañar décimas por cuestiones inverosímiles y que está convencido de que un 3 se puede convertir en un 5 si protesta lo suficiente. No tiene prisa y sí una paciencia infinita que requiere una calma idéntica por parte del sufrido docente.

Otra categoría igualmente amena es la del alumno comparador, que siempre encuentra un agravio al contrastar su examen con el de un compañero. «¡Pero si hemos puesto lo mismo!» y de nuevo te toca razonar por qué, aunque se parezca, no es lo mismo. En las asignaturas humanísticas, donde se evalúan cuestiones como la redacción, esa explicación puede resultar agotadora y requiere unas cuantas cajas de paracetamol para el dolor de cabeza posterior.

Pero a todos los anteriores se les entiende, porque sabes que se están jugando el curso y hasta te inspiran ternura sus métodos para convencerte de que les tienes que poner el ansiado 5. Sobre todo a los que se quedan con un 4,5 o un 4,75 y se ofrecen para hacer todo tipo de actividades, trabajos, exposiciones, murales, experimentos, prácticas o hasta lavarte el coche si es preciso con tal de arañar esas décimas. Dice mucho de un profesor cómo reacciona ante esas décimas que faltan. Y a mí, lo confieso, los colegas que me gustan son los que ven más un 5 que un 4.

El único alumno que realmente se puede hacer insufrible en una revisión de exámenes es el que no pretende aprobar, sino aumentar su nota. Cuenta con menos empatía que los anteriores, qué le vamos a hacer, y cuando su aspiración es un 10 no solo nos cerramos en banda para subir, sino que somos capaces de bajar. La batalla por la décima se vuelve realmente épica en Bachillerato, donde suelen esgrimir sus apuntes como arma: «He puesto lo que tú dijiste». Y a veces, cuando lees lo que copiaron en esos folios (donde aparecen cosas que, estás convencido, jamás dijiste) te planteas qué es realmente eso de la escucha activa y si alguien, además de las puertas, te presta atención cuando hablas.

Pero las revisiones de exámenes son solo un simulacro de lo que se nos viene encima en junio. Ahí sí que hay que estar preparado para el festival de llantos y, una vez pasadas las lágrimas, cabreos y reclamaciones.

En términos cinematográficos, todo curso sería un melodrama. Con sus risas, sus emociones, sus pequeñas subdramas sentimentales y, tachán, su final feliz o no. Si el final es feliz, estupendo. Pero si el curso acaba con un suspenso comienza el interludio dramático. Las lágrimas por haber suspendido pueden ir combinadas con comentarios como «Mis padres me van a matar» o «Mis padres me van a mandar a un internado». Una de dos: o esas amenazas son utilizadas por la mayoría de los padres españoles (no nos engañemos: los papás finlandeses no dicen estas cosas) o nuestros alumnos tienen una imaginación profundamente dickensiana. Todos acaban convertidos, según sus palabras, en versiones 2.0 (como la escuela del siglo XXI) del mismísimo Oliver Twist. Por supuesto, en un 99,999 % de los casos, los padres no tienen la más mínima intención de matar ni de internar a nadie, por mucho que la etapa adolescente haga que algunos se replanteen seriamente qué momento de sus vidas les llevó a desembocar en la paternidad.

Una vez que se constata que las lágrimas no surten efecto llega otra nueva posibilidad: la negociación. El alumno negociador, a quien auguro un grandísimo futuro en política, funciona por análisis y eliminación. Su método es siempre el mismo y, a menudo, le funciona.

Si al alumno negociador le han quedado cuatro asignaturas como, por ejemplo, Lengua, Música, Inglés y Bilogía, lo primero que tiene que hacer es empezar llorándole al profesor que vea más accesible de todos. El método, en realidad, es el llanto de siempre, solo que con una logística muchísimo más organizada. Imaginemos que es Biología, así que a él le dirá que si le aprueban Biología, los demás profesores le han prometido que lo aprueban también. El de Biología dudará, pero se abrirá en él la duda y dirá que si eso es cierto, él le pone el anhelado 5. El procedimiento negociador se mantiene idéntico con cada materia hasta que todas quedan abiertas a un posible aprobado y el alumno puede pasar de tener 4 suspensos a no tener ninguno.

En el caso de que la negociación falle siempre queda el recurso de que vengan los padres. Y la mayoría te mira con actitud suplicante para que te pongas en su piel y entiendas que, después de todo un curso persiguiendo a sus hijos para que estudien, no pueden tirarse otro verano igual. Tú empatizas con su sufrimiento paternal, claro, pero estás atado porque con los exámenes de su hijo tienes material no para un libro como este, sino para una saga... Normalmente la conversación empieza de forma más o menos airada y acaba en un abrazo de comprensión mutua donde el profe compadece al padre y viceversa.

Antes de ese desenlace fraternal es normal oír frases, en boca del alumno o del padre, como «¿Y para septiembre qué hay que estudiar?». En ese momento te encantaría mandarlo todo a la mierda (nueve meses, ¡nueve!, y siguen sin saber qué deben estudiar), pero como eres un profesional, respiras hondo, sacas una hoja con lo que debe preparar durante el verano y se la das reprimiendo tus ganas de grapársela en la camiseta.

Quizá el problema base de todo esto resida en que nuestro sistema de evaluación sigue siendo estrictamente numérico, que el día a día se tiene en cuenta de forma muy variable según centros y profesores, que todo depende de una nota y que el final de la etapa del instituto consiste en alcanzar las décimas necesarias para poder estudiar aquello que te gusta y que realmente te importa. Si la educación no se planteara como un concurso a lo *Saber y ganar* quizá el aprendizaje sí tendría verdadero sentido. Quizá...

10. CHULETAS 2.0

La tecnología tiene la culpa. Ella y solo ella ha conseguido que las chuletas se vuelvan peligrosísimas e imperceptibles en nuestras aulas. Instrumentos minúsculos, auriculares invisibles, aparatos inalámbricos... Todo debería facilitar que los alumnos pudiesen copiar sin problema... Pues no. Se les pilla con tanta facilidad (o más) que antes. Y no hace falta ser un gran detective, basta con seguir alguno de estos rastros infalibles...

RASTRO 1 ☞ LA PROXIMIDAD

¿Dónde mejor que la fotocopiadora del hall del instituto para hacerse una buena chuleta? Las colas antes de ciertos exámenes son épicas y se puede ver a un grupo de adolescentes haciendo fila (bueno, algo que se parece un poco a hacer fila, salvo porque se amontonan decenas de ellos entre sí) y el libro de la asignatura en la mano. Se reduce, se copia, se corta y se lleva uno la chuleta hecha y calentita al examen de la hora siguiente. Todo muy discreto.

RASTRO 2 ☞ LA HUELLA DIGITAL

¿Has copiado en un examen? Genial, pues lo mejor que puedes hacer es colgar la foto de tu chuleta en Instagram y en Twitter. La primera vez que vi una de ellas en la cuenta de uno de mis alumnos creí que era de broma, pero qué va, ahí estaba bien grande la imagen y con todo lujo de detalles, no se fueran a confundir los seguidores sobre el contenido de aquel esquema. En esos casos uno no sabe si bajar nota en el examen, si hacerse el loco y contraatacar en la siguiente ocasión o si suspender directamente más que por usar una chuleta por ser tan simple como para colgarla. Cuánto daño nos ha hecho Facebook...

RASTRO 3 ☞ EL *MONOTONO*

Hacer una chuleta es un arte. Eso es así. Y hasta tendría sentido aprobar a quien la hiciera bien... Pero como no hay ni un solo cambio en lo que copian, resulta hilarante pasar de una pregunta donde la palabra más culta es el sustantivo «cosa» a otra que parece escrita por el mismísimo Vargas Llosa. Lo mejor en estos casos es cuando les dices que han copiado y ellos te miran ofendidos con un gigantesco: ¿Yoooooo?, con muchas oes y tono lastimero, extrañadísimos de que su prodigiosa redacción no te haya convencido de su autoría.

RASTRO 4 ☞ LOS *POLITONOS*

Vibraciones, sonidos de *WhatsApp* entrantes, lucecitas que se encienden... El móvil cobra vida en el examen (y eso si se no se les cae al suelo directamente de tanto hacer equilibrios con él debajo de la mesa) aunque, oficialmente, la respuesta siempre sea la misma: «Estaba mirando la hora». Para qué vamos a usar el reloj, ese invento antediluviano, si podemos buscar la hora en una pantalla donde, oh casualidad, en vez de la hora hay un pdf con todo el tema resumido en una sola página.

RASTRO 5 ☞ EL TÉRMICO

No sé cuántos alumnos he tenido en pleno junio con un jersey de lana dos tallas mayor que ellos. O tienen un desajuste de temperatura corporal o llevan bajo el gigantesco suéter todo tipo de chuletas, a veces en forma de papel, a veces en forma de instrumento tecnológico, a veces tatuado en lugares inverosímiles de la piel.

RASTRO 6 ☞ EL INCÓMODO

Lo tienes claro. Sabes que guarda la chuleta justo ahí. Pero no tienes ni idea de cómo decírselo. Es violento, sí. Porque está bien guardada... entre las piernas. Lo sabes porque escribe mirando a la silla, completamente doblado sobre sí mismo y, o padece un picor irrefrenable o está abriendo y cerrando un papelito guardado en cierto lugar donde se ha escrito medio tema. Lo malo en este caso es que tener que pedir la chuleta antes de retirarles el examen es, cuando menos, incómodo.

RASTRO 7 ☞ EL ESTÉREO

Lo del pinganillo puede ser útil, sí, no digo yo que no, pero como intentes copiar con ese mecanismo y seas un poco duro de oído, lo vas a tener un poco difícil. El primer requisito es tener el pelo muy largo, taparte bien la oreja y luego que copiar lo que te dictan o lo que tú te has grabado en casa. Por si el hecho de ver a alguien cubrirse una oreja (y solo una oreja) completamente no fuera ya una pista, luego está el tema del volumen, que en cierto examen era tan fuerte que casi empezamos un debate allí mismo sobre si las respuestas que le dictaban a la alumna que usaba este sistema eran o no eran correctas.

RASTRO 8 ☞ EL TORPE

Y siempre está, cómo no, el pobre que se hace la chuleta y se equivoca de pregunta. Te contesta bien, sí, porque te planta la chuleta tal cual, pero justo en el enunciado que no es. A ese te dan ganas de darle algunas décimas, porque empatizas con él y te da pena ese fracaso absoluto después del trabajazo que se ha dado haciendo su chuleta... En mi caso recuerdo que en plenos exámenes de 2.º de Bachillerato alguien me copió todo el tema de Historia de la Guerra Civil en una pregunta sobre la poesía de posguerra. Entre los nervios, la cantidad de temas y la barbaridad de datos que habían tenido que intentar memorizar (o chuletizar, según los casos) en unos días, hasta me pareció normal que aquel alumno no supiera qué demonios estaba copiando ni para qué asignatura lo hacía.

En realidad, en un buen examen debería dar igual que tengas o no tengas chuleta, porque copiar no sirve para nada. O, por lo menos, si no se evaluase solo memorístico, no tendría que servir.

11. QUE TE PONGO UN PARTE

Los partes... Esas hojas que salen de Jefatura de Estudios rumbo a las casas de los alumnos con la esperanza de solucionar problemas de disciplina gracias a la firma de los padres.

Los partes... Ese gasto de papel que no sirve absolutamente para nada que no sea incrementar la tala de árboles.

Normalmente los partes pueden ser de un color, digamos amarillo, si son una sanción de un profesor, o de otro color diferente, digamos naranja, si vienen directamente desde Jefatura. Así se marca que los segundos son más graves que los primeros. En cierto centro, al agotarse los folios naranja, a un alumno se le dio un parte en un folio verde, que era el único color que había disponible en Jefatura. Aquella noticia corrió como la pólvora y la leyenda urbana de los «partes verdes» (que todos sospechaban que debían de ser gravísimos) hizo que más de uno se contuviese durante unas semanas, no fuera a tener tan mala suerte de ser sancionado del mismo modo.

Por supuesto, hay profesores que emiten partes con la misma facilidad con la que te dan los buenos días (aunque la mayoría de profesores prolíficos en partes que he conocido son de los que no te dan los buenos días). En esos casos, la eficacia del parte desaparece en cuanto se abusa de él e incluso suele tener un efecto contraproducente, pues cabe la posibilidad —más que real— de que los padres sean quienes acaben pidiendo cuentas al profesor, cansados de firmar autógrafos para su hijo por los motivos más peregrinos.

También está el recurso de enviarlos a Jefatura cuando se vuelven ingobernables. En estos casos los alumnos pueden responder a tipologías muy diferentes:

- El alumno que se pierde por el camino y, casualmente, acaba en los baños, en la cafetería o cualquier otro lugar menos en Jefatura.
- El alumno que acude responsable dispuesto a asumir la sanción.
- El alumno que va a Jefatura a quejarse del profesor antes de que este lo expulse.

Jefatura de Estudios, además del jubiloso punto de encuentro de sancionados y sancionadores, es también la enfermería del centro, donde se sientan o tumban a esperar aquellos que, por el motivo que sea, se encuentran mal. Con frecuencia hay un sofá donde se les pide que esperen al adulto que vendrá a recogerles y, si viene al caso, se les entrega una manta que, tras pasar por todos los alumnos del centro, debe estar habitada por una animada comuna de microorganismos en feliz y orgiástica convivencia.

También está el docente que considera que el mejor método de que no le interrumpan la clase es enviar a Jefatura a todo aquel que le molesta. Se les puede mandar por hablar sin que se les pregunte, por no hablar cuando se les pregunta o, como cierto compañero hizo en una ocasión, por haberse olvidado el libro de lectura en casa: de los 32 alumnos de su clase mandó a Jefatura a 27, convirtiendo el despacho en una parada de metro en hora punta. Cuando se dio cuenta de que todos lo habían olvidado porque él no les había pedido que lo llevaran ese día, ya era muy tarde.

Una vez que el alumno está frente al jefe o la jefa de estudios caben dos opciones básicas. Opción A:

—Yo no he hecho nada. Eran los demás... Pero me ha echado la bronca a mí.

Por supuesto, luego se descubre que no solo ha hecho *algo*, sino que también ha promovido, animado, coreado y hasta difundido el evento por YouTube desde su móvil si le ha dado tiempo a editarlo.

Y mi favorita, la opción B:

—Me tiene manía.

¿Hay alguna razón más universal? Generación tras generación, reforma tras reforma: da lo mismo. Todo estudiante, en algún momento de su vida, ha dicho la frase mágica:

Me tiene manía

Lo importante, por supuesto, es la interpretación: entonarla bien, poner cara de inocencia interrumpida y usar un tono lo suficiente lastimero que conmueva a nuestro interlocutor. Antes, por muy bien que se te diera todo ese teatro, la excusa no colaba, porque si le decías a tus padres que el profesor *te tenía manía* lo más ligero que te llevabas era un sermón por decir bobadas y un *aplícate más* con el que se te pasaba la tontería. Ahora el *me tiene manía* es una verdad universal que muchos padres se toman al pie de la letra y, a veces, hasta reproducen en la reunión con el tutor: *No, si mi hijo estudia, pero como la de Química le tiene manía...*

En cuanto a las sanciones posibles ante un posible caso de indisciplina, todas son un dechado de utilidad y conveniencia. Nada como castigar a un alumno absentista que lleva semanas sin ir a clase con no acudir al centro durante un mes, por ejemplo. O echar de un instituto al que da problemas realmente graves para que lo matriculen en otro centro donde dará, en cuanto entre, esos mismos problemas. Siempre se puede contar con la ayuda del departamento de Orientación, al que se sigue llamando *departamento* por costumbre (y porque somos la leche de optimistas), porque lo habitual es que haya un orientador para todos los alumnos del centro. Cómo no vamos a hallar soluciones prodigiosas a los problemas que se plantean con una única persona encargada de supervisar las vidas de los 900 o 1000 adolescentes que llenan las aulas y pasillos de un instituto.

Se podría contratar más personal docente, hacer grupos más pequeños, ampliar el número de orientadores, favorecer una enseñanza más personalizada y descargar a los jefes de estudios del exceso de horas lectivas... Se podría, sí, pero todo eso requiere esfuerzo e inversión. Es mucho más caro que largar partes o expulsar a la gente unos días a su casa. Total, mucho mejor seguir pidiendo autógrafos a los padres que, la mitad de las veces, falsifican los hijos. Lo mismo esas dotes de suplantación gráfica de personalidad le son muy útiles en el futuro. Quién sabe.

12.
DAÑOS COLATERALES

Hay una serie de objetos que, por algún extraño motivo, son las primeras víctimas de cualquier instituto. Da igual que estemos en la LOGSE, la LOMCE, la LOE o las siglas que quieran inventarse (y ya llevamos unas cuantas, que las leyes educativas caducan en España antes que los yogures), las víctimas materiales de la vida en un instituto son siempre las mismas.

LOS EXTINTORES ☆

¿Qué placer se obtiene al vaciar un extintor? Lo ignoro, pero debe de ser la bomba cuanto no hay instituto donde alguien no haya tenido la idea genial de coger uno. Montar la fiesta de la espuma en los pasillos de la ESO es un clásico que, visto su éxito, quizá habría que incorporar como parte del programa escolar, lo mismo resultaba un elemento motivador: todos los viernes a quinta hora, vaciado de extintor. Por ejemplo.

LAS PIZARRAS ☆

Dame una tiza y dominaré el mundo. Quién no se ha levantado y ha escrito algo en la pizarra cuando no estaba el profesor. Lo peligroso es que con los nuevos modelos de pizarras hay quien se confunde y a algún alumno he visto que, por puro despiste, ha confundido una pizarra digital con una Veleda, llenándola alegremente de rotulador indeleble... Alegría idéntica a la del centro al tener que reponerla, por cierto.

LAS MESAS ☆

Se las puede decorar con dibujos, nombres, chuletas en las que se copia medio tema, chuletas en forma de jeroglíficos, mensajes para quien se sienta en ellas en la siguiente clase, mensajes para el compañero de al lado, mensajes de amor, mensajes de menos amor, mensajes sin mensaje pero que se escriben porque sí. A lápiz, a bolígrafo, a rotulador... Todo vale. La pobre mesa empieza el curso inmaculada y acaba como si fuera un cuadro de Basquiat.

LAS MOCHILAS ☆

De la mesa al suelo y del suelo a la mesa, sin misericordia. Los golpes que se llevan al cabo del día son infinitos. Por no hablar de aquellas que, en ocasiones, salen volando (solas, por supuesto) desde las ventanas de las aulas. No es lo más habitual pero, digamos, tampoco es extraño.

LOS POMOS DE LAS PUERTAS

Alguien los colecciona y paga muchísimo por ellos en eBay. Estoy seguro. Si no es eso, no me explico a qué se debe esa pasión por arrancarlos y quedárselos. ¿Los revenden? ¿Los exhiben en algún museo de hazañas estudiantiles?

LOS CUADERNOS

No nos engañemos. Los cuadernos no nacen para ser escritos, sino para que se les arranquen las hojas y se conviertan en bolas de papel o avioncitos (depende de la habilidad de cada cual) que van a otro compañero, a la mismísima pizarra, al profesor cuando está de espaldas (porque, aunque intentamos vivir eternamente de frente, a veces somos humanos y se nos olvida) o que salen volando por la ventana.

No sé quién dijo que a los de la ESO no les interesan las artes con lo bien que se les da la papiroflexia. Y no solo a ellos, claro: quien no haya lanzado nunca una bola de papel en clase, que tire ahora mismo la primera de ellas...

LAS PUERTAS (CON O SIN SUS POMOS)

Se pueden llevar una patada, un empujón o cualquier otra muestra de afecto físico. Por no hablar de los portazos que damos tanto alumnos como profesores en un momento cualquiera. Si hubiera una asociación de defensores de los derechos de las puertas, nos empapelaban a todos. Y con razón.

LA FACHADA

El proceso es siempre el mismo:

Paso 1: se pinta la fachada.

Paso 2: aparece un grafiti en la fachada. El grafiti puede ser simpático, creativo, cariñoso, insultante... En fin, la variedad es amplia.

Paso 3: se vuelve al paso 1.

Paso 4: se vuelve al paso 2.

El bucle paso 1 y paso 2 se repite indefinidamente a lo largo del curso, en el que la fachada se grafitea y pinta a partes iguales. No se trata ya de una cuestión de disciplina, sino de obcecación. También cabe la opción de que se encuentre a los autores del paso 2 y se les pida que lleven a cabo el paso 1, siempre que las dotes investigadoras de Jefatura (ponderadas justamente capítulos atrás) permitan descubrir su identidad al más puro estilo CSI.

LAS PAPELERAS ★

Tampoco está muy claro a qué se debe la pasión por probar con ellas el milagro químico de la combustión, pero es un hecho que hay una tendencia adolescente a la piromanía que todos hemos compartido. El porqué de la adicción a los mecheros es otra de esas cuestiones antropológicas que requerirían una sesuda tesis.

LAS CAPUCHAS DE LOS BOLÍGRAFOS ★

Sin duda, es una de las peores reencarnaciones posibles. Prefiero convertirme en cualquier otra cosa en una vida futura antes que en la capucha de un Bic en manos de un estudiante de la ESO, porque entonces sé que mi destino no solo será ser mordido hasta la extenuación sino, posiblemente, también seré quemado con uno de esos mecheros que tanto furor causan en las aulas.

Se ve que el nauseabundo olor del plástico requemado tiene efectos adictivos en la adolescencia porque es raro el bolígrafo que no acaba siendo víctima de ese martirio.

LOS LIBROS DE TEXTO ★

¿Quién no ha redecorado alguna vez las páginas de sus libros? Un bigote aquí, unos cuernos de diablo allá y, por supuesto, unas cuantas pollas en cualquier momento, página y lugar. Alguien debería explicarnos esa obsesión atemporal y genital que hace que no haya libro —de Historia, de Química o de Literatura— que se libre de tan sugerente y siempre sutil dibujo.

Esta esmerada ilustración también puede hacerse en la mesa, en la pizarra o en la fachada del centro, dentro del bucle de paso 1 y paso 2 descrito unas líneas más arriba.

LA FOTOCOPIADORA ★

En cuanto hay una máquina disponible para los alumnos todo es susceptible de ser fotocopiado. No solo los apuntes del compañero. O los ejercicios del compañero. O hasta las chuletas del compañero... También se pueden meter manos, pies y hasta orejas. Todo es susceptible de ser convertido en fotocopia.

13.
DÍSELO AL JEFE DE ESTUDIOS

¿Cómo se reconoce en invierno a un jefe de estudios? Porque es esa persona que se pasa todo el día con el abrigo puesto. ¿Porque tiene frío? No, porque no le han dejado quitárselo en toda la mañana. Es más, a veces no se lo puede quitar ni en todo el año y puedes encontrártelo con el abrigo encima en pleno mayo en medio del hall del instituto. Y es que desde que los jefes de estudios entran por la puerta se convierten automáticamente en un imán para las quejas, preguntas y peticiones de todo el mundo que hace que llegar hasta su despacho sea la más difícil de sus tareas diarias.

Les abordan los conserjes, los profesores, los alumnos, los padres de los alumnos y cualquiera que esté en el instituto, ya sea el reponedor de palmeras de la cafetería o el comercial de no sé qué editorial de libro de texto. Todo el mundo tiene una pregunta para ellos, solo que se las disparan a bocajarro y sin esperar que lleguen a su despacho, total, para qué, mucho mejor acosarles nada más poner un pie en el centro.

El modo de dirigirse a un jefe de estudios es siempre más o menos el mismo: la urgencia. No hay nada que no requiera una intervención inmediata, así que cuando alguien se les acerca espera que dejen todo lo que estén haciendo y acometan la acción que se les pide. Estas acciones incluyen tareas tan urgentes y prioritarias como el padre que le pide que le dé a su hijo el bocata que se ha olvidado en casa esa mañana (verídico) o el profesor (verídico también) que se queja de que han puesto todas las juntas de evaluación menos la de su 4.ºA sin fijarse en que hay una copia tamaño sábana colgada en la sala de profesores con un 4.ºA bien clarito en ella. La tendencia, por supuesto, es no preguntar, porque hay quien necesita montar un pollo de vez en cuando (el grupo claustral de las necesidades catárticas) y quien simplemente prefiere quejarse antes de mirar o de buscar nada (el grupo claustral de los cómodos).

Lo mejor es que, haga lo que haga el jefe de estudios, siempre va a obtener un resultado idéntico: el cabreo general. Si es demasiado dialogante, se quejarán los profesores por no saber imponer disciplina; si es demasiado rígido, se quejarán los padres por su intolerancia; si pone sanciones firmes, se quejarán los alumnos por injusticia; si no las pone, se le quejará el resto del equipo directivo por inactividad.

No solo eres la diana de tantos y tan diversos agradecimientos, sino que te toca ser la persona más polifacética del instituto. Porque sumas tanto los oficios propios del profesor (ya descritos —por si alguno se nos ha despistado— en páginas anteriores) como los de Jefatura, así que eres algo así como el hombre o la mujer-orquesta del centro. Entre esas tareas figuran la de investigador (que si quién ha hecho cierta pintada en la entrada del insti, que si cierta situación de acoso es real o no...), médico de guardia (cuando tienen que valorar a quién dejan o no salir si dicen eso de que «no se sienten bien»), recursos humanos (les toca controlar cómo trabaja el resto de compañeros), conciliador (todo problema con los alumnos pasa por ellos) y administrativo. La burocracia puede inundar sus mesas hasta impedirles ser vistos bajo la cantidad de papeles, informes y tareas mecánicas varias que deben cubrir mientras suceden otras cosas realmente importantes.

Ciertos problemas de disciplina provocan careos de una intensidad digna de convertirse en material narrativo de *El silencio de los corderos*. Que ya querría Clarice Sterling tener la mitad de sagacidad que ciertos jefes y, más aún, jefas de estudio a las que he visto sacar la verdad con técnicas absolutamente prodigiosas. Desde inventarse testigos que no existían hasta emplear la psicología inversa para provocar la confesión.

En ocasiones el problema no es un tema de verdad o de mentira, sino de uso del lenguaje, como cierta ocasión en la que escuché cómo un alumno de 2.º de la ESO se quejaba de que le hubiera mandado el profesor de guardia «por haberse tropezado con una puerta». Y sí, tropezarse se había tropezado, tanto que había arrancado la puerta consigo de una patada. Perdón, de un tropezón.

Otro se quejaba de que le habían echado de clase «por culpa de una mochila». Le parecía injustísimo, porque «no había hecho nada». Y no, no había hecho nada... Nada que fuera medio normal, se entiende. Porque la mochila en cuestión apareció pegada en el techo de la clase con chinchetas. Y todo el mundo sabe de la tendencia que tienen las cabronas de las mochilas a colgarse del techo en cuanto uno las deja solas.

Aunque los jefes de estudios apenas puedan respirar, rara vez se les vea en la cafetería y haya leyendas que afirman que muchos son autómatas que ni siquiera necesitan ir al baño, no dudan en asumir el cargo porque está muy bien pagado, dispone de enormes comodidades y tiene grandes ventajas que hacen que todo eso les compense muchísimo (por si alguien no lo ha cazado al vuelo, este párrafo hay que leerlo con un tono sangrantemente irónico). En realidad, que haya quienes asumen esta tarea es, cuando menos, sorprendente, pero forman parte de ese porcentaje de gente (tan necesario y poco valorado) que cree que la educación requiere remangarse y afrontar cuestiones que no son nada fáciles, a pesar de que la recompensa material sea más bien escasa (por no decir inexistente).

14.
ALUMNOS: TIPOLOGÍA BÁSICA

El incómodo. Alumno capaz de formular una pregunta imposible de responder en cualquier materia con el único fin de desestabilizar a su profesor. Se les reconoce porque suelen ocupar las primeras filas y levantar mucho la mano para evitar que alguien pueda cometer el error de no verlos.

Los del chicle. Tribu muy asentada en nuestro sistema escolar que, según se sospecha, salió ya del útero materno mascando chicle y, por este motivo, experimenta una reacción virulenta cada vez que alguien pretende arrebatárselo. Se les reconoce por sus generosas mandíbulas, entrenadas para masticar durante períodos de tiempo indefinidos.

El surfista. Alumno que acude en bermudas durante todo el curso con la esperanza de que las vacaciones de verano lleguen en cualquier momento, por inesperado que sea. Puede llevar otro tipo de complementos (gorras, patinetes, camisetas sin mangas) igualmente playeros.

El tecnológico. Estudiante hipermulticonectado al que es difícil reconocer bajo la multitud de cables que lo cubren. Antes de entrar en clase es preciso esperar una media de cinco a diez minutos a que desconecte todas las alarmas, sonidos, ruidos y posibilidades de interrupción varias que lleva consigo.

El portero de discoteca. La velocidad con que corre desde su silla hasta la puerta para asomarse al pasillo en cuanto suena el timbre daría para varios récords olímpicos. Controla la entrada y salida de alumnos, avisa de la llegada del profesor con un sonoro *¡Que ya viene!* (aun cuando todo el mundo lo haya visto venir) y a menudo llevan incorporado un auricular en la oreja, de su móvil o del mp3, a modo de pinganillo.

El negacionista. Estudiante capaz de negar cualquier hecho evidente hasta el punto de poner en duda la capacidad de percepción del docente. Todas sus interacciones comienzan por «No»: *No estaba mirando el móvil* (con el teléfono en la mano), *No estaba hablando* (después de reventarte media clase), *No he sido yo* (mientras cuelga una foto *siendo él* en su Instagram)... A veces la interacción se complementa con quejas existencialistas de tono mesiánico: *¿Por qué siempre a mí?*

El novelista. Conocidos por sus dotes para la ficción, estos alumnos son capaces de inventar cualquier excusa para justificar algo que, por supuesto, no es en absoluto justificable. Sus excusas cuando faltan a clase o no traen hechos los deberes incluyen casuísticas y eventos que acomplejarían a los guionistas de la mismísima *Juego de tronos*.

El «positivo». No se conoce actividad alguna que sea capaz de culminar con éxito: *Esto no sé hacerlo. Esto no se me da bien. Esto no lo entiendo. Esto no me sale*... Con frecuencia, asegura no saber hacer algo antes de que dé tiempo a explicarle qué es ese algo. Su «alegría» es tan contagiosa que puede llegar a arruinar la mejor de las actividades si consigue extender ese optimismo entre sus compañeros.

Los libertadores. Líderes del grupo que suelen ejercer de delegados vocacionales aunque nadie les pida que lo sean. Su labor consiste en quejarse por todo (venga o no a cuento) y recordar, tantas veces como sea posible, la injusticia sobre la que se basa su realidad académica. Básicamente, *todo es injusto*: suspender es injusto, estudiar es injusto, hacer trabajos en equipo es injusto, examinarse es injusto, ir a clase es injusto... Tener que convivir con esa cantinela le recuerda al profesor que sí, que tienen toda la razón: la vida es injustísima.

El «agudo». Alumno que, fingiéndose despistado, pone a prueba la paciencia del docente preguntando siempre aquello que este acaba de explicar. Su sadismo no conoce límites y suelen dejar que el profesor explique durante cuarenta minutos las causas de la Segunda Guerra Mundial para preguntarle, justo después, de qué guerra estaba hablando (no vaya a tratarse de la de las galaxias). A pesar de su apariencia inofensiva, construida a base de años de estudio del techo de las aulas en las que hibernan, son uno de los grupos más peligrosos para la salud psicológica del educador.

El gracioso. Su supuesto sentido del humor se basa en la inoportunidad y, cuanto menor es su talento para la ironía, más se aplica a ejecutarla. Tiene el don de interrumpir las clases siempre en el peor momento y considera que todo lo que se le pasa por la cabeza es divertido, a pesar de que el resto de sus compañeros y profesores no opinen lo mismo. No importa que no obtenga el aplauso ni la risa general, su humor —como las secuelas de ciertas comedias infumables— es inasequible al desaliento.

El Moleskine. Alumno esencial para la supervivencia del docente que se encarga de recordar, a modo de agenda viviente, cuanto quedó pendiente en la clase anterior: qué ejercicios hay que corregir, en qué fecha se puso un examen o qué parte de la unidad no se acabó en la última sesión. Poseedores de una paciencia infinita, aguantan todo el curso (incluso toda la Secundaria) su papel de secretarios sin pedir un sueldo a cambio. Y sí, se lo merecerían.

El perdonavidas. Dotados de una única expresión facial (mirada despectiva, comisuras de los labios en tensión perpetua y barbilla ladeada), poseen el don de mantener su cara de disgusto sin el más mínimo cambio durante todas las horas de todos los días de todas las semanas de todos los cursos. Su expresión de aburrimiento y asco hacia la asignatura puede variar de intensidad, pero nunca desaparece.

El empático. Némesis del perdonavidas, asume con interés cuanto se dice en el aula y, además, se esfuerza en demostrarlo con continuos asentimientos y ruidos onomatopéyicos (*ajá*, *hmm* y similares). Su empatía suele ser premiada con la mirada fija de los profesores que, en medio del océano de la incomprensión, a veces parecen hablarles solo a ellos, aferrándose a estas pobres víctimas como si no hubiera mañana.

El vivencial. Estudiante capaz de asociar el contenido de cualquier materia a su biografía. Es especialmente habitual en 1.º de la ESO y sus intervenciones siempre comienzan en primera persona (*Yo hice, Yo recuerdo, Yo vi una vez, Yo tuve un amigo/un primo/un vecino/un perro/un gato/un unicornio que...*) y aluden a hechos que, sean o no relevantes (y no, casi nunca lo son), le llevan a levantar la mano e interrumpir la clase para compartir su profunda experiencia vital sobre el tema que se esté viendo en clase, ya estemos hablando del clima mediterráneo, de la poesía culterana o de la fisión nuclear.

El invisible. Alumno dotado del superpoder de la invisibilidad que consigue pasar desapercibido durante todo el curso: el profesor no suele recordar su nombre, jamás se le pregunta en clase, se le confunde con otro cuando se le intenta sacar a la pizarra y ni siquiera se repara en él aunque se siente en la primera fila.

Canis y chonis. Tribu alimentada por joyas televisivas como *Hombres, mujeres y faunas diversas* cuyo rasgo básico consiste en el uso de complementos de tamaño superior al de sus cabezas que es, además, donde van colocados la mayoría de ellos: ya sean las gorras, en las que se podría jugar un partido de fútbol, o los pendientes, aros que podrían usar tranquilamente para jugar al hula-hop si quisiesen hacerlo. Su vocabulario, constituido por un número limitado de palabras, crece mucho menos rápido que los músculos de ellos y el maquillaje de ellas.

14. DICCIONARIO ESCOLAR II. LO QUE *NUNCA* DICEN LOS ALUMNOS

Todos hemos estado allí, sentados entre apuntes de Química y de Historia. Todos hemos sido uno de ellos, uno de esos adolescentes que ahora miramos como si fueran extraterrestres («no hay quien los entienda», se oye con frecuencia) como si a nosotros sí se nos entendiera durante aquellos años. Y aunque un extraño mecanismo mental nos hace olvidarnos de todo eso, seguro que hemos dicho más de una vez cualquiera de estas frases...

La pregunta incrédula:

«¿Eso lo copiamos?»

Normalmente la pregunta se hace después de que el profesor haya llenado la pizarra tras pasarse unos quince minutos escribiendo. Y justo en ese momento, cuando has estado a punto de dejarte el hombro escribiendo en el encerado y vas a borrarlo para seguir escribiendo aún más, alguien te detiene, sorprendido porque aquello sea algo que debe copiar y no el resultado de la manía docente de decorar cuanta pizarra nos encontramos por el camino.

Esa maldita casualidad:

«He hecho todos los ejercicios menos ese»

La suerte nunca está del lado del alumno cuando se trata de los deberes. Siempre hay uno que falla. Uno que, para colmo, es el que le toca corregir. El «menos ese» se combina con todo tipo de explicaciones posteriores: *no lo entendía, no lo copié, no me di cuenta...*

El olvido más oportuno:

«Me he dejado el cuaderno en casa»

El sentido real de esta frase es: no he hecho ni un solo ejercicio porque no me apetecía, porque no tuve tiempo o porque me salían los deberes por las orejas. Aunque el olvido se suele llevar un negativo muy similar en fondo y en forma al de «No lo he hecho», hay quien sigue aferrándose al despiste como último recurso. Y a veces, cuando nos pillan con la guardia baja (o con ánimo prenavideño), hasta les funciona y fingimos que nos lo creemos.

El ofrecimiento solidario:

«¿Puedo acompañar a mi amigo?»

Da igual que se trate de un simple arañazo, siempre habrá uno, dos o incluso tres compañeros dispuestos a llevar a otro hasta Jefatura para que le den algún sofisticado procedimiento (como una tirita, por ejemplo) con el que resolver su preocupante situación. Cuanto mayor es la tontería que ha sucedido, más alumnos aparecen rodeando a la pobre víctima, no se nos vaya a perder por el instituto.

La necesidad incontinente:

☞ *«¿Puedo ir al baño?»*

Saben que la respuesta es no, pero eso da lo mismo. Se pregunta de todas formas. Por si cuela. Y si no se consigue ir al baño (sinónimo de levantarse, estirar las piernas, salir del aula, perder tiempo, mandar algún *WhatsApp* desde el baño y esperar unos minutos para volver al aula), por lo menos se interrumpe la clase levantando la mano y haciendo la pregunta retórica más universal de las aulas.

La duda aritmética:

☞ *«¿Me da la media?»*

Esta pregunta solo se hace cuando, evidentemente, la respuesta es un no. El objetivo no es obtener información alguna, sino ganar tiempo. Tú dime si me da la media o no y yo pienso qué puedo negociar contigo: que si he trabajado mucho, que si siempre traigo los deberes, que si en el primer examen saqué un 6... Todo es susceptible de ser medido y convertido en dato evaluable, sobre todo si estamos en junio y de esa media depende que el verano transcurra en libertad o, gracias a las academias que proliferan como champiñones, en durísima cautividad.

Las consecuencias de la desinformación:

☞ *«Me dijeron que no había deberes»*

No has ido a clase porque no te encontrabas bien. O porque tuviste que ir al médico. O porque estabas de viaje con tus padres. ¿Y vas a perder la ocasión de no llevar hechos los deberes? Puedes preguntarle a un compañero. Es más, seguramente, si eres un alumno de la ESO, estarás en un macro grupo de *WhatsApp* con todos los de tu curso. Pero ese día te haces el sueco (o el finlandés). No preguntas a nadie. Te pones ciego de jugar a la Play. O de ver vídeos en YouTube. O de hacer lo que te da la gana. Disfrutas de tus horas de libertad y al día siguiente acusas a tus compañeros, que son muy mala gente, de no haberte informado bien. Ya harán ellos lo mismo contigo cuando les toque.

La pregunta recurrente:

☞ *«¿Tienes ya las notas?»*

Todo alumno asume que, una vez hecho su examen, este se autocorrige y se le escribe mágicamente una nota encima. La pregunta por esa calificación puede producirse ya cinco minutos después de entregar el examen y no para hasta que el profesor entrega corregidos los exámenes. El absurdo se logra cuando la insistencia del alumno es tal que el profesor responde con un «Sí que las tengo, pero por preguntar, ahora no os las doy», demostrando que esto de las aulas puede infantilizarnos a todos hasta niveles insospechados.

La queja existencial:

☞ *«Esto es injusto»*

El existencialismo adolescente tiene en la injusticia su paradigma. Todo es injusto, sobre todo cuando no les gusta. A veces su resumen da lugar a reflexiones tan descorazonadoras como la de esta chica de 1.º de la ESO:

—Profe, la vida es muy injusta... Siempre se acaba primero el bolígrafo de tu color favorito.

No creo que haya un solo tratado filosófico de sabiduría más y mejor condensada que la de esta chica sobre el tema de la injusticia universal. Sinceramente.

La excusa cronológica:

☞ *«Solo estaba mirando la hora»*

La respuesta se produce mientras el alumno esconde, como puede, el móvil en el que le hemos visto *mirar la hora* mientras tecleaba furiosamente, porque se ve que *mirar la hora* requiere usar muchos emoticonos y compartir el cálculo temporal con alguien más. Por otro lado, habría que felicitar a nuestros estudiantes por la cantidad de formas que han encontrado para sostener el móvil y escribir a la vez utilizando posturas y combinaciones de dedos realmente inverosímiles. De sintaxis y aritmética puede que no anden muy sobrados, pero su uso secreto de las nuevas tecnologías los capacita para el espionaje de alto nivel.

La obsesión por las fechas:

☞ *«¿A qué día estamos hoy?»*

No hay ni un solo alumno que sepa en qué día vive cuando hace un examen. La duda sobre la fecha les corroe y es lo primero que preguntan tan pronto como se les da la hoja con las preguntas. Todo lo demás les importa bastante menos. Y si hay que inventárselo, se lo inventan. Incluso pueden entregar un examen sin poner el nombre. Pero nunca sin poner la fecha. Eso jamás.

La (gran) verdad universal:

☞ *«Me tiene manía»*

A todos nos ha pasado. Ese profesor culpable de que tropezásemos una y otra vez con su asignatura. Ese enemigo declarado que nos odiaba por ser quienes éramos, como si no tuviera nada mejor que hacer en su vida que declararle la guerra sorda a sus alumnos.

Es, desde que el mundo es mundo, la mejor razón para todo. Especialmente, para no asumir nada...

La petición que parece (solo parece) inocente:

☞ *«¿Profe, ¿puedes repetirlo?»*

La primera vez, el profe sonríe mucho y responde con un «Claro que sí».

La segunda vez el profe sonríe menos y responde con un «Sí».

La tercera vez el profe no sonríe y asiente sin decir que sí.

La cuarta vez el profe tuerce el gesto y repite tan rápido como si hablase a doble velocidad.

La quinta vez el profe se contiene las lágrimas y repite entre la rabia y la resignación.

La sexta vez el profe dice aquello de «Ya no respondo más preguntas» y se plantea por qué no se ha dedicado a la apicultura en vez de a la enseñanza.

La séptima vez (si hay séptima) el alumno se acaba de ganar un parte. Hala, a Jefatura echando leches. Por cansino.

La duda utilitaria:

☞ *«¿Y eso para qué sirve?»*

La pregunta, aunque nos duela, tiene mucho sentido, así que a veces se nos queda cara de tontos cuando en medio de una fabulosa disertación sobre lo emocionante que son las églogas de Garcilaso alguien te lanza esa pregunta. Y hay días que sueltas el discurso cultural y comprometido y días que, ante la realidad que tienes en el aula, te planteas si los pastorcitos garcilasianos son lo mejor que puedes compartir con esos estudiantes. Los de Humanidades estamos tan acostumbrados al «Para qué sirve» que ya hemos desarrollado nuestra propia batería de respuestas, oscilantes entre la ironía («Para nada, pero así perdemos el tiempo todos juntos»), el sarcasmo («Para que parezcáis más personas») o la utopía («Para cultivar vuestro sentido crítico y vuestra sensibilidad artística»). Respondas lo que respondas te da lo mismo, la pregunta no tarda en aparecer de nuevo.

La pregunta trampa:

☞ *«¿Esto entra en el examen?»*

Se puede ser sincero o mentir como un bellaco. Si eres sincero y dices que algo que estás explicando no va a entrar en el examen ya sabes que el proceso va a ser siempre el mismo: sacan el rotulador más grueso que encuentren, escriben un NO tamaño gigante (o se dan el gustazo de tachar la página del libro en cuestión) y pasan al modo desconexión inmediatamente. Así que lo mejor es hacerse el loco, no responder ni que sí que no, resistir la pregunta con entereza y, cuando hayamos terminado, confesar que jamás les examinaremos sobre ello. La culpa, bien mirada, tampoco es suya: en este perverso sistema les hemos hecho creer que solo importan las notas y los exámenes, así que es (tristemente) lógico que no les preocupe nada más.

La gran frase de la ESO:

☞ *«Me frustra»*

El verbo *frustrarse*, conjugado siempre en primera persona del singular (*me frustra*) o del plural (*nos frustra*) es una de las grandes conquistas de la ESO. Se desconoce en qué etapa anterior lo aprenden (¿Infantil?, ¿Primaria?, ¿vienen ya con el verbo conjugado desde el mismísimo útero materno?) pero hay que tener cuidado porque todo puede ser susceptible de frustrarlos. Es más, a veces el sujeto eres tú directamente: *Profe, me frustras*. Y entonces se te va la color, te haces pequeño, quieres que te trague la tierra y te sientes el educador más torpe, cruel y sádico del mundo, capaz de frustrar a tus alumnos por hacer barbaridades como tachar en un examen con rotulador rojo (¡horror! ¡rojo!) que «la mejor novela de Unamuno es *Luces de bohemia*» o que «los griegos inventaron cosas muy importantes, como la demagogia y las vacunas». En esa tolerancia cero al fracaso de la generación ESO, todos (padres y docentes) contribuimos con unos niveles de extraña sobreprotección que ellos asimilan rápido y a su favor. Quizá aprender que el error y el fracaso forman parte de la vida no estaría de más... Por mucho que *nos frustre*, como es obvio, que así sea.

La excusa intelectual:

«No estaba hablando, le estaba preguntando una duda»

La duda puede haberle ocupado al que hablaba (perdón, al que «no hablaba, sino consultaba») y a su compañero unos veinte minutos de clase, porque debe ser de una intensidad y profundidad que ni el mayor experto en la materia podría respondérsela. Por supuesto, cuando les pides que compartan la duda contigo te responden con un «No, si ya me la ha resuelto», mientras su compañero (*el solucionador*) aguanta la risa.

PARTE IV

ACTIVIDADES EXTRAESCOLARES

1.
ALERTA I: ADOLESCENTES EN LIBERTAD

SITUACIÓN A
Un grupo de niños, acompañados de su profesor, caminan por la calle. Reacciones habituales de los demás transeúntes: miradas de aprobación, comentarios de «qué ricos / qué monos / qué graciosos / qué simpáticos» y abuelos espontáneos que se cruzan de acera para verlos de cerca e incluso hacerles una tierna caricia.

SITUACIÓN B
Un grupo de adolescentes, acompañados de su profesor, caminan por la calle. Reacciones habituales de los demás transeúntes: miradas de incomodidad, comentarios de «cómo no están en clase / qué hacen ocupando la calle / cada día hay menos educación» y gente que se cruza de acera (a la acera contraria, básicamente) para no tener que caminar entre ellos.

Está claro que la adolescencia solo se admite en cautividad —es decir, enclaustrada en las paredes de un instituto—, porque en cuanto se sale a la calle hay que asumir que se nos va a mirar como si en vez de visitar un museo, fuésemos a saquearlo. Así que, por si acaso, a los alumnos hay que echarles una bronca incluso antes de salir para evitar que tengamos que echarles otra bronca al volver. Si a nosotros, como adultos, nos pusieran tantas condiciones antes de dejarnos salir de casa, estoy seguro de que nos enclaustrábamos de por vida. La lista de exigencias es eterna y lleva aparejada todo tipo de chantajes:

—Si nos llaman la atención, no salimos más, os pongo un negativo, hablo con vuestros padres, suspendéis la evaluación, repetís curso y hasta me encargaré de que figure en vuestros antecedentes penales. ¿Está claro?

Que, a pesar de ese grado de neurosis, los alumnos sigan queriendo salir de excursión es también milagroso.

Organizar una salida tiene momentos muy bonitos, por supuesto, ya previos a la salida en sí. El primero es encontrar la fecha, algo que siempre garantiza una bronca con otro colega al que tu decisión le va a parecer mal porque justo el día que tú te los llevas a un concierto o a un museo él les va a poner el examen de su vida. O les va a pedir que expongan un trabajo. O les va a explicar el tema clave para el examen final. Lo esencial es lo suyo, por supuesto, porque lo tuyo no es más que una pérdida de tiempo o una excusa para no dar clase, como si no fuera más cómodo quedarte tranquilamente en el aula bien cerca de la calefacción que salir del centro con la responsabilidad de cincuenta, setenta o cien chavales de la ESO sobre tus hombros.

Después del mal rollo intraclaustral, viene el momento de la recogida del dinero y de los justificantes donde los padres te autorizan a llevarte a sus retoños. Esa fase se puede alargar en el tiempo indefinidamente y, después de estar un mes recogiendo monedas de todo tipo de tamaños y cuantías, siempre hay quien te paga y te da la autorización el mismo día de la salida o incluso, como me pasó en una de ellas, quien te pasa su móvil para que el padre te diga que sí, que «autoriza a su hijo a que te lo lleves donde sea» (marcando mucho el «donde sea», porque está claro que ser padre de adolescente también debe de cansar mucho..., supongo).

Justo antes de salir de los límites del centro empieza otra tarea esencial en toda excursión: el recuento. La obsesión por no perder a un solo alumno por el camino se puede volver enfermiza y hay quien los cuenta en el aula, en el *hall* del instituto, cuando suben al autobús, cuando se sientan en el autobús, cuando respiran en el autobús, cuando miran por las ventanillas del autobús, cuando se bajan del autobús... El recuento no termina jamás y estoy convencido de que, para más de uno, es algo así como una adicción o un pasatiempo.

Por supuesto hay dos recuentos esenciales: el que se hace antes de salir y el que se lleva a cabo antes de volver. En este último siempre hay alguien que se retrasa y al que hay que acabar llamando al móvil. Cierta compañera me contaba que en una salida con alumnos de 4.º de la ESO por el centro de Madrid les dejaron una hora libre justo antes de volver al punto de encuentro. Una vez allí, descubrieron que faltaba un grupo de cinco alumnos que llegaron mucho más tarde que el resto. Tras la labor CSI docente, los alumnos confesaron que se habían retrasado porque habían estado en Montera haciendo turismo —digamos— más sexual que cultural...

Y volviendo a este último (sí, eso, al cultural), una vez que ya estamos visitando lo que quiera que vayamos a visitar llega el gran momento de tensión. Ese en que tú esperas que ellos se queden fascinados con lo que van a ver y ellos no muestran esa pasión desmedida que tú deseabas. Así que puedes tenerlos sentados con cara de aburrimiento en los bancos del Prado, dándole la espalda a las mismísimas Meninas, y tuiteando desde sus móviles o colgándose un selfie en Instagram. En realidad, no es tan diferente a la actitud del turista que se hace fotos en cada cuadro de un museo como si la historia del arte necesitara de su cara pegada encima, pero como nuestros alumnos son adolescentes, nos parece muchísimo más grave. Para eso está la ayuda de guías y monitores, claro, aunque a veces les hablan como si fueran tontos (son quinceañeros, no bebés), con un hilo de voz que impide que se les entienda nada (en este país tenemos un problemilla con la vocalización, me temo) o con una jerga tan específica que ni un experto en el tema podría seguirles.

Si la salida tiene como fin un teatro o un concierto, la entrada siempre es problemática. Está el que se ha olvidado la entrada, por supuesto, y que te obliga a hablar con el jefe de sala para poco menos que suplicarle que le deje pasar. Y quienes intercambian sus localidades y se sientan donde les apetece porque su amigo, su amiga, su novio o su vecino está en no sé qué fila. El caos de adolescentes moviéndose por el patio de butacas ya provoca una gran corriente empática entre el resto de espectadores. Con un poco de suerte, al menos, saben qué es lo que van a ver, aunque en ocasiones están un poco perdidos. Una vez un alumno me preguntó si estaba muy nervioso justo antes de que empezara la obra que les había llevado a ver. Le dije que no y se extrañó tanto que le pregunté por qué se supone que yo debía de estar nervioso.

—Hombre, porque como la obra es tuya...

No sé en qué momento de megalomanía suma dije que *Esperando a Godot* era un texto mío, pero o me dio un arrebato de locura en clase y me creí el mismísimo Samuel Beckett o la información le llegó a mi alumno ligeramente distorsionada.

En toda función o concierto al que acudes con tus alumnos siempre suena, como mínimo, un móvil. En ese momento más de un adulto hace un chasquido de reprobación y te mira muy mal para dejar claro que piensa que la culpa es tuya por llevar tanto adolescente a un entorno tan culto... Lo que no sabe el del chasquido es que ese móvil nunca es de tus alumnos, sino de algún otro adulto como él, porque cuando sales con ellos son tan conscientes del esfuerzo que supone coordinar y organizar la salida, que no he vivido ni una sola en la que pase algo parecido. Y sí, claro que puede ocurrir (y ocurre), pero que un grupo de adolescentes se comporte de manera adulta en una salida escolar es mucho más probable que el hecho de que un grupo de adultos sea capaz de evitar el coro de toses y alertas del móvil en el transcurso de cualquier espectáculo.

También habría que plantearse si es necesario que el teatro para adolescentes sea, en ocasiones, tan cutre, tan poco elaborado y tan elemental que en vez de *Tres sombreros de copa* parece que estamos viendo *Tres boinas de paño*. Cada vez que llega un sobre con la llamada *campaña teatral escolar* a los departamentos del instituto, más de un profesor tiembla, porque le toca elegir entre espectáculos pensados *ad hoc* (lo de pensados *ad hoc* es por decirlo con elegancia, porque pensados, lo que se dice pensados, no parecen estarlo) para adolescentes o espectáculos para adultos «con posibilidades pedagógicas», de los que alguien ha elaborado una guía didáctica.

Por espectáculo para adolescentes se entiende toda versión, adaptación, *collage* o pastiche donde se usa algún texto, autor o coartada de la literatura universal. Entre Alicias, Quijotes, Hamlets, Bernardas, Avaros y Damas del alba sale un listado infinito de opciones a cual más tedioso. Y por espectáculo adulto «con posibilidades pedagógicas» se admite cualquier obra de un clásico que, tenga o no la más mínima conexión con el mundo adolescente, nos parece que les va a encantar a los alumnos de la ESO, aunque no entiendan nada, no tengan ni idea de quién es el autor y la función les suene, aquí sí, a finlandés.

¿Merece la pena organizar una salida fuera del centro después de todo esto? Pues la verdad es que sí, porque es bueno convivir fuera del instituto, porque ese rato nos acaba humanizando a todos y porque, en realidad, quizá aprendan más en ese concierto o en esa visita al museo que con la enésima proyección del Powerpoint sobre la música barroca o el arte bizantino.

2.
ALERTA II: ADOLESCENTES DE VIAJE

Todos los cursos hay un grupo de valientes que no se conforman con sacar a los alumnos durante unas horas. No, ellos necesitan mucha más emoción y se los llevan durante unos días. Es más, hasta se atreven a cruzar fronteras y a recorrer otras ciudades. Son los profes que se encargan del viaje de estudios, otro de esos grandes momentos en el curso escolar.

En este caso, a la tarea del recuento (que en este caso se vuelve cotidiano), se le suma la labor de aduana. ¿Y en qué consiste? En revisar equipajes, bolsos y cualquier lugar donde pueda alojarse una botella de alcohol. La búsqueda de bebidas con la consiguiente confiscación de todo aquello que se encuentre se puede repetir varias veces a lo largo del viaje y es otra de las titánicas guerras en cualquier convivencia extraescolar: ellos quieren tomarse una copa y tú tienes que prohibir que lo hagan. A veces, la habitación de los profesores se puede convertir en un auténtico bar gracias a las botellas requisadas a unos y a otros. El celo que se pone en la búsqueda convertiría las redadas de los años de la Ley Seca en excursiones de simples aficionados.

Entre los viajes posibles que se pueden hacer con alumnos hay experiencias tan fascinantes como la salida a la nieve. Esta excursión, en la que se lleva a los grupos de la ESO a algún lugar para que esquíen, está llena de momentos inolvidables... A modo de perlas:

- Las preguntas de la reunión de padres antes de ir al viaje, donde siempre está el esquiador nivel experto (que plantea cosas que jamás te habrías planteado solo por demostrar su nivelazo deportivo ante el resto de padres), el sobreprotector (que exige que su hijo esquíe con un nivel de seguridad más propio para trabajar en una central nuclear que para bajar una pista de esquí) o el despistado (que por mucha lista que le des con lo que necesita llevar su hijo al viaje se entera mal y pregunta lo mismo cincuenta veces).
- La decisión entre esquiar o no esquiar una vez que llegas a las pistas con ellos. Si sabes o quieres aprender, puedes probar a practicar con ellos y sus monitores. Si no sabes o no te atreves a aprender o, sencillamente, eres tan nulo que no aprendes ni queriendo, te toca quedarte sentado en la cafetería de la estación (y no, no suelen ser estaciones *de luxe*) congelándote con un vaso de cartón en la mano mientras aguardas el regreso de los esquiadores y preguntándote por qué no te has quedado dando clase esa semana...
- La carrera a urgencias en cuanto alguien se cae y hay que vendar tobillos, muñecas u hombros. Y la llamada al móvil de ciertos padres que convierten una sencilla lesión en toda una tragedia griega.

Por supuesto, el viaje varía mucho más si se trata de una estancia en alguna ciudad. En ese caso, las aspiraciones de los alumnos que se apuntan son muy diversas y consisten en objetivos tan diferentes como irse de juerga, irse mucho de juerga o irse muchísimo de juerga. Ya les puedes poner frente a la Fontana de Trevi o la fuente de su pueblo, que su grado de emoción va a ser el mismo. Es más, en cierto viaje a Florencia más de un alumno le preguntó a una compañera mía, nada más llegar, que dónde estaban las góndolas... Ellos con hacerse *selfies*, ponerse filtros en Instagram y tener tiempo libre para estar juntos ya tienen de sobra. Lo de salir fuera de España es uno de esos hábitos escolares que vienen de no se sabe dónde y que, en realidad, solo da problemas logísticos. Una semana en Roma, en Berlín o en París les acaba gustando lo mismo que una semana en Leganés, por mucho que sus profes nos empeñemos en que admiren el arte, o el urbanismo, o la cultura y sus gentes... Y a sus gentes, como no sean de su edad y solo para ligar, las miran poco. Para eso, hay que decirlo, ha sido muy útil el bilingüismo, la generación ESO es de las que mejor y con más facilidad crea relaciones interpersonales —e internacionales— gracias a los idiomas.

En el hotel también estás expuesto a que sucedan todo tipo de anécdotas. Como que un alumno rompa la tarjeta para entrar en su habitación por intentar usarla a modo de palanca en vez de pasarla por el lector electrónico o que alguien baje tarde al desayuno porque no ha encontrado el mecanismo que abre el desagüe del lavabo y se ha pasado una hora vaciándolo usando el tapón del desodorante como si fuera un cubo...

El reparto de habitaciones es otro momento delicado y, sobre todo, inútil. No se conoce el caso de un solo alumno de la ESO que haya dormido durante el viaje de estudios en la habitación que le correspondía. Esperan a que llegue el recuento nocturno (sí, ese también existe) y una vez que los profes abandonamos la tarea de centinelas (porque, admitámoslo, estamos agotados después de pasearnos con ellos todo el día), los alumnos comienzan con el festival de mudanzas hasta que acaban en dos, tres o cuatro habitaciones que más que cuartos de hotel parecen auténticas comunas. En ese momento, como profesor responsable del viaje, solo piensas en que sean listos y, a ser posible, lleven un buen cargamento de condones. No hay viaje de estudios sin sexo, aunque padres y docentes queramos creernos lo contrario y tengamos tanto derecho a hacerlo como a creer en el ratoncito Pérez si nos da la gana. La abstinencia adolescente y el ratón ese que recoge dientes (en serio, ¿hay algún personaje infantil más repugnante?) están en el mismo nivel de realidad. Es decir, ninguna.

La primera vez que sales de viaje con alumnos te preguntas cómo lo vas a hacer para tenerlos cerca y controlados, pues te preocupa qué harán en su tiempo libre en la ciudad... La segunda vez lo que te preocupa es cómo te los vas a quitar de encima durante, al menos, un rato para hablar con los otros profes que te acompañan en el viaje, porque en el mismo momento en que sales con ellos notas que te siguen a todas partes y buscan, aunque no lo admitan, tu compañía. Ese momento es casi tierno, no vamos a ponernos ñoños (pero lo es) y también sorprendente, aunque pronto, como es evidente, se les acaba pasando.

A veces la convivencia se hace difícil no por los alumnos, sino por los profes que vienen con nosotros. Porque de repente te ves compartiendo habitación con alguien con quien a lo mejor no tienes mucha relación ni afinidad, o —peor aún— con alguien con quien sí creías que había una afinidad y ahora descubres que solo fue un cruel espejismo. Y no solo tienes que convivir y compartir el cuarto, sino también trabajar conjuntamente, así que está el profesor que organiza y revisa todo compulsivamente, el que delega siempre en el compañero, el que no admite ni una sugerencia y solo le importa su criterio, el que solo sabe hacer de poli bueno aunque tú le pidas que haga de poli malo... Como la responsabilidad de llevar tantos alumnos con nosotros es enorme, las tensiones pueden dar lugar a grandes broncas entre compañeros que harían palidecer los momentos más brutales de *Gran Hermano*.

Y de nuevo, ¿compensa? Mucho. Todo profesor debería irse, al menos una vez, de viaje con sus alumnos. Es el mejor modo de conocernos (ellos a nosotros y nosotros a ellos), de ver otras facetas de los compañeros (incluso las que no nos gustan) y de recuperar esa pasión de los quince y los dieciséis donde lo mejor no es estar en el Louvre, ni en la Puerta de Brandemburgo, ni en el Coliseo, lo mejor es que estás en un lugar con tus amigos, con la gente que quieres, con los colegas que van a ser parte de ti toda tu vida (o eso piensas). Y solo por recordar lo bien que hace sentir algo así ya merece la pena. Muchísimo.

3.
CON EL *QUIJOTE* HEMOS TOPADO

Los jóvenes no leen.

¿Cuántas veces oímos e incluso decimos esa frase al cabo del día?

Los jóvenes no leen, aunque ahora mismo gran parte de los libros que más venden sea de consumo adolescente.

Los jóvenes no leen, aunque haya una eclosión de blogs y *booktubers* adolescentes en Internet.

Los jóvenes no leen, aunque hagan cola en las librerías y en la Feria del Libro para que les firmen ciertos novelistas.

Y los adultos, sin embargo, leemos todos un montón. No hay más que preguntarle a cualquiera de los que tanto se queja de los bajos índices de lectura adolescente por el último libro que ha leído. Mi consejo, por cierto, es que no lo hagan, porque el resultado puede ser desolador.

Entonces, ¿cuál es el problema? Aquí se puede empezar hablando de las otras formas de ocio, de que hay un sinfín de canales digitales, de YouTube o de los videojuegos (que, por cierto, muchos son —en esencia— formas narrativas), pero lo que habría que plantearse es si realmente les motivamos a leer o si conseguimos más bien el efecto contrario. Más que nada porque los planes de estudio de Secundaria parecen destinados a acabar de una vez por todas con la lectura, no vaya a ser que los chavales se enganchen y les dé por coger algún libro en vez de por hacer un maratón de cualquier *reality*.

El primer gran acierto de nuestro sistema es el orden cronológico. Da igual que tengas doce o trece años, ahí va —sin anestesia— la Edad Media con todos sus juglares, trovadores, mesteres y cantigas, para que al alumno que empieza a leer textos adultos se le atragante la cuaderna vía y lo deje sin respiración. ¿Quién no cree que un fragmento de Gonzalo de Berceo es lo mejor para conseguir nuevos lectores entre los chavales de 2.º de la ESO, por ejemplo? ¿O incluso en 3.º? Que no seré yo quien le reste su valor estético pero, ¿de verdad es necesario que empiecen por ahí?

Tampoco en poesía se lo ponemos mucho más fácil, porque en vez de comenzar por autores que, siendo también clásicos, podrían emocionarles, la cronología nos invita a pasearnos primero por las églogas de Garcilaso (que para ellos es algo así como si les hablásemos en esquimal) y después por poemas tan asequibles como los sonetos metafísicos de Quevedo o algún fragmento del *Polifemo y Galatea* de Góngora. Ahí es nada. En este punto de la ESO, si aún queda algún lector vivo entre nuestros alumnos ya es un suceso que podemos considerar tan sobrenatural como los milagros de los santos de Berceo.

Puede que aún nos quede algún alma cándida con curiosidad literaria, así que entonces llega el momento infalible en que todo alumno de la ESO se pregunta por qué la vida es tan injusta. Y ese instante se llama *Quijote*. Se podría abordar su estudio de muchas maneras, en el momento adecuado y, sobre todo, teniendo en cuenta el receptor al que nos dirigimos. Se podría y se debería, sí, porque es una pena que la mayoría de los españoles no lo hayan leído ni disfrutado de verdad. Solo lo recuerdan como ese ladrillo que les obligaron a leer contrarreloj en el instituto y que superaron como pudieron entre resúmenes de compañeros y lecturas en diagonal. Ahora esos compañeros que resumen se los encuentra uno en el Rincón del Vago y otras fuentes digitales de (exquisita) información filológica..., pero resulta difícil culparles por acudir a ellas cuando se les planta su lectura íntegra y así, a palo seco.

Nuestros alumnos de la ESO pasan poco menos que de leer *Teo se va al parque* a meterse en el curso siguiente el *Quijote* entre pecho y espalda, algo así como pasar de conducir un triciclo a pilotar un Boeing 747. Pero, tranquilos, que nos queda un modo infalible de motivarlos: los homenajes.

¿Cuántos homenajes hemos celebrado a Cervantes en los últimos años? Por el aniversario de su muerte. Por la publicación de la primera parte. Por la publicación de la segunda parte.... En realidad, vivimos en *Atrapado en el tiempo*, igual que Bill Murray, solo que cada vez que suena el despertador en vez del Día de la Marmota es, otra vez, el Día del *Quijote*.

¿Y qué se hace en esos homenajes? Trabajos. Muchos trabajos. Y murales. Muchos murales. Se copian y recortan frases. Se dibujan personajes. Se decoran las paredes del instituto. Y, a imitación de esos horrores que se hacen en otros lugares supuestamente adultos, incluso se acometen lecturas continuadas del *Quijote* que son una especie de maratón popular y verbenero, pero con palabras en lugar de farolillos.

Todo alumno de la ESO ha leído, al menos unas quince veces, el pasaje de los molinos de viento. Puede que no sepa nada más de la obra, pero lo de los molinos lo podría recitar de memoria. Y aunque, como amante apasionado de la literatura cervantina, estoy convencido de que es necesario acercar esa obra a nuestros alumnos, ¿de verdad que no hay otra manera de hacerlo? Ahí volvemos a la lucha de siempre: el currículo que exige por un lado y el profesor que estira por el otro, haciendo malabares para combinar los clásicos que deben leer con los títulos que creemos que les pueden motivar y llevar hacia esos clásicos.

A veces la lucha es aún más dura, porque el antagonista no es el currículo sino ese compañero que no piensa proponer ni una sola lectura que no cumpla estos requisitos:

a) El libro tiene que ser parte del canon (más concretamente, de SU canon: si a él no le gusta, ya puede ser una obra de Shakespeare, que le parecerá pésima).

b) Tiene que haberlo leído ya (no vayamos a quemarnos la vista leyendo novedades...).

c) Debe haber una guía de lectura disponible y, a ser posible, hasta un examen tipo test (para comprobar cómodamente si los alumnos leen o no leen).

La batalla en los departamentos de Lengua puede ser titánica, entre quienes creen que *El coronel no tiene quien le escriba* es un título fantástico para 2.º de la ESO y quienes estamos seguros de que, si empezamos por ahí, al coronel no le va a escribir nadie en toda su vida... Por suerte, los profes que creen que el verbo *leer* se debe conjugar con complementos circunstanciales como *con placer*, *con gusto* o *con deleite* son muy tenaces y acaban encontrando el modo de acercar otros títulos a sus alumnos (a ser posible, sin examen tipo test ni nada que se le parezca).

Como novelista y profesor, vivo esa doble realidad dentro y fuera del aula. En mi caso, tengo la suerte de que quienes me llaman para hablar de mis libros en sus centros son esos docentes que se pelean por introducir la literatura del siglo XXI en las aulas y recuerdo cierta ocasión en que, en el turno de preguntas tras la charla, una alumna de 3.º de la ESO levantó la mano y dijo bien claro:

—A mí la verdad es que la literatura no me gusta nada.

Confieso que me quedé blanco.

—Pero leer, sí —añadió—. Leer me encanta.

Ahí recuperé el color...

Y me quedó muy claro que algo está fallando si lectura y literatura son, para nuestros alumnos, dos realidades tan lejanas. Algo que puede tener que ver con que seguimos poniéndoles títulos como *San Manuel Bueno, mártir* cuando apenas tienen quince años (que sí, que Unamuno es genial, ¿pero no hay otro título que les pueda resultar menos alejado de su realidad que la historia de un cura que vive una crisis de fe?, ¿en serio nos parece que eso les va a animar a seguir leyendo?) o les presentamos *El sí de las niñas* (otro apasionante *thriller* psicológico) como la cumbre de la literatura del siglo XVIII en ese constante desprecio de nuestro sistema hacia la Literatura Universal. ¿Qué pasaría si dejásemos entrar en nuestras aulas a las Brontë, o a Dickens, a Twain, a

Salinger, a Murakami, a Auster, a Nothomb...? Pues pasaría que lo mismo se enganchaban y acababan leyendo. Y no, eso nunca, mejor que sigan recortando molinos de viento y pegándolos en cuanto centenario quijotesco se nos ocurra.

En medio de este páramo, los verdaderos quijotes son los docentes que consiguen fomentar la lectura más allá de esos gigantes que son los absurdos límites del currículo educativo. Los profesores que, digan lo que digan los pesimistas y cenizos de siempre, sabemos que la verdad es que los adolescentes sí tienen curiosidad por los libros, por nuevas historias y por otras realidades.

4. TRABAJAR EN EQUIPO

No sé cómo será en Finlandia, donde seguro que se coordinan como los mismísimos ángeles, pero aquí eso del trabajo en equipo sigue siendo una utopía. ¿Y cuándo es el primer momento en que nos damos cuenta? En el instituto, cuando algún profesor pide un trabajo en grupo y todo el mundo sabe, sin necesidad de ponerse con ello, qué es lo que va a suceder a continuación.

El primer paso es decidir cómo se van a formar grupos. Caben dos opciones:

☞ **El profesor los forma siguiendo algún criterio.** Este puede ser el orden alfabético (criterio cruel donde los haya), un orden aleatorio (básicamente, por fastidiar) o un orden supuestamente pedagógico en el que se hagan grupos por niveles homogéneos (de modo que habrá trabajos estupendos y trabajos que den ganas de llorar) o por niveles heterogéneos (en plan Kinder sorpresa: lo que salga de allí será siempre inesperado).

- **El profesor pide que los alumnos formen sus grupos libremente.** Y en ese caso, mientras que tú crees que les haces un favor porque les permites trabajar con sus amigos, en la cabeza de nuestros alumnos (y en la nuestra, cuando estábamos sentados en el lugar que hoy ocupan ellos) siempre pasa lo mismo. Está el que se pregunta a qué grupo tendrá que pedirle esta vez que lo acojan: alumnos sin demasiados amigos que odian eso de trabajar en equipo porque no tienen, básicamente, ningún equipo con el que hacerlo. Está el que tiembla porque es consciente de que le toca (¡otra vez!) organizarlo, coordinarlo y dirigirlo todo: alumnos responsables que se preguntan por qué les corresponde a ellos currar por todos los demás, sean amigos o no. Y está el que se frota las manos porque sabe que le va a caer una buena nota sin hacer nada: alumnos pragmáticos que encuentran en el parasitismo grupal una forma espléndida de subsistencia.

LO LLAMAN TRABAJO EN GRUPO Y NO LO ES

Ese podría ser el lema porque, aunque nos empeñamos en que colaboren y cooperen, acaban haciendo lo mismo que sucede también en los grupos de adultos: uno trabaja y los demás miran (con suerte). Si hay menos suerte, uno curra y los demás molestan. Eso es lo mejor de todo trabajo en grupo: la nota se la llevan cinco o seis mientras que el trabajo se lo merienda solo uno. De los otros cuatro o cinco las tareas se dividen en:

- El que no hace nada pero pone pegas a todo: *esto se podría hacer mejor así, esto no lo veo, esto no me gusta, esto no me parece bien...*
- El que no hace nada pero propone mil cosas a cual más absurda: *¿y si hacemos también un vídeo?, ¿y si hacemos un mural en 3D?, ¿y si hacemos una infografía?, ¿y si hacemos un túnel del tiempo?...*
- El que no hace nada y, si lo hace, te lo restriega hasta el fin de los días: *mira lo que me ha costado, fíjate lo que he tenido que hacer, no te imaginas la de tiempo que me ha llevado...*
- El que no hace nada porque lo que hace no tiene nada que ver con el trabajo que le han pedido: *¿de verdad no sirve esto que he encontrado sobre Napoleón para hablar de la Segunda Guerra Mundial?*
- El que no hace nada pero aporta la vertiente social: *bueno, qué ¿nos tomamos unos minis y nos vamos al parque?*

Entretanto, el que sí hace es el único que investiga, escribe, recorta, pega, dibuja y si hace falta hasta da esplendor, como la mismísima RAE. Eso sí, el trabajo luego lo firman los seis aunque a él lo que le gustaría es tacharlos a todos y tener un ataque en plan *Ley del silencio* donde pudiera decir la verdad:

—Aquí no ha currado ni su padre.

Pero en vez de eso, se impone la lealtad (en eso se nota que son adolescentes: sus valores de fidelidad y compañerismo están —por suerte— a prueba de bomba), así que se contiene y asegura:

—Lo hemos hecho entre todos.

Mientras lo dice, espera que haya un lugar en el infierno donde ardan los cabrones que se tocan las narices mientras él les hace el trabajo. Todos los trabajos...

Pero si eso de trabajar en equipo es ciencia ficción entre estudiantes, no hablemos de cómo se pone en marcha dentro de los claustros. Y más aún, dentro de los departamentos. Ya poner un examen común en junio y otro en septiembre puede ser una proeza que, no sin polémica, se consigue en los institutos a costa de mucha negociación y mucha mano izquierda. Como para ponernos de acuerdo en el método, o en trabajos comunes, o en formas similares de abordar la materia... Ahora hay más de un centro que ha puesto en marcha programas de trabajo cooperativo, en el que se llevan a cabo proyectos en los que colaboran profesores de diversas materias, de modo que los conceptos se trabajan a partir de la práctica y enfocados hacia un objetivo concreto. Lo triste es que este tipo de experiencias ni son generales ni se dan en todo tipo de institutos, sino —normalmente— en aquellos cuyo entorno socioeconómico es más bien favorable, pues se requiere el apoyo de las familias para poner en práctica estos programas que, quizá, deberían ser más frecuentes en nuestras aulas.

Con lo bien que sonaba aquello de «Solo no puedes, con amigos sí», que decían en *La bola de cristal* (vale, sí, yo también puedo tener mi punto nostálgico) y qué poco lo practicamos.

PARTE V

LA SALA DE VISITAS

1. LOS GRUPOS DE *WHATSAPP* DE PADRES

Nunca dejaremos de agradecer a *WhatsApp* los muchos beneficios que ha traído a nuestra vida, como la posibilidad de ser acribillados a mensajes a todas horas, la opción de conocer la última hora de conexión de alguien (cuántas alegrías conyugales van asociadas a ese dato) o la certeza de que alguien pasa de ti cuando vemos los dos tics bien marcados en tu pantalla sin obtener respuesta alguna. De momento, al menos, la frase de *Escribiendo* no especifica *a quién*, porque el día que lo haga lo mismo sí que nos echamos unas risas.

Son tantas las ventajas que si Dante escribiera hoy una nueva versión de la *Divina Comedia*, incluiría un círculo solo para los creadores de los grupos de *WhatsApp*. Y otro círculo más para los inventores de los grupos de padres de *WhatsApp*. Solo así se podría compensar la esclavitud a la que nos han sometido al resto de la humanidad, castigándonos con ese incómodo momento de ¿y si abandono el grupo? que rara vez nos atrevemos a llevar a cabo, acumulando chats infinitos (a cual más inútil) y recibiendo memes repetidos una y otra vez.

Los grupos de padres en *WhatsApp* son esencialmente perversos, porque siempre hay una voz (suele ser una, no se necesita más) que disfruta envenenando al resto. Es la misma voz que calienta la cabeza a los demás padres en el patio del instituto, pero gracias a esto de la aldea virtual, ahora ese calentamiento se ha vuelto global, como el mismísimo cambio climático y con consecuencias igualmente devastadoras.

El origen de los grupos de *WhatsApp* de padres es de origen dudoso. Su utilidad no se sabe muy bien de dónde nace y, por suerte, su frecuencia disminuye conforme crecen los hijos, aunque con el nivel de infantilismo que estamos alcanzando en términos generales, no descarto que en breve haya grupos de padres de *WhatsApp* también en la universidad. Total, ya puestos...

La razón práctica que suele justificar su existencia es que son un método de información directo y seguro. Tan directo que evita que los hijos tengan que informarse de nada, que para eso ya están sus padres. Así que se consultan cuestiones como las fechas de los exámenes, los deberes que hay que hacer para tal o cual materia o hasta el método que hay que seguir para resolver el ejercicio 2 de Matemáticas. Sin duda, una forma muy eficaz de alentar la responsabilidad, la madurez, la autonomía...

Pero lo realmente agotador no es ni siquiera eso, sino la cantidad de rumores, verdades a medias y quejas varias que se pueden difundir en esos grupos. Es como si hubiera una reunión de padres permanente donde la presencia de un solo miembro tóxico puede crear un clima tan incómodo que ni el de los peores episodios de *The Walking Dead*. Todo vale para criticar, ya sea algo que haya sucedido este curso, algo que se dice que sucedió en cursos anteriores o algo que no sucedió nunca pero que cierto padre cree que sí.

Ese mismo padre que disfruta cizañando en cuanto tiene la menor ocasión suele acaparar el chat con su hijo. De esos siempre hay alguno (por suerte, son pocos) en cada instituto: es un padre que está convencido de que su hijo es el único alumno del centro y cada vez que pide algo no entiende la más mínima dilación ni excusa. El instituto, incluso el mundo en su totalidad, gira en torno a la única persona de su hijo. Normalmente, como no podía ser menos, el hijo en cuestión tiende a la egolatría, la megalomanía y otros rasgos que no lo hacen especialmente simpático, pero uno se explica su carácter tan pronto como conoce a sus progenitores...

Y lo peor es que los padres sensatos (la mayoría) que forman parte de ese chat de *WhatsApp* tienen que esforzarse para no dejarse contaminar por tanta rumorología. Incluso se sienten culpables si deciden abandonar el grupo, como si hacerlo fuera una descortesía hacia los demás o una muestra de desinterés hacia sus hijos, así que siguen recibiendo mensajes confusos, ambiguos, negativos y que ni aportan ni ayudan en nada.

En mi experiencia docente siempre he tenido una relación especialmente buena con los padres de mis alumnos, pero por eso mismo creo que es mejor buscar otros cauces de comunicación más directos, más naturales, tan sencillos como pedir el correo electrónico a un profesor, por ejemplo, para contarle cualquier cosa que nos preocupe sobre nuestros hijos (bueno, a ser posible, cualquier cosa relacionada con sus estudios, que hay quien le coge demasiado el gusto a la escritura epistolar...) sin recurrir a esa terapia grupal tan peligrosa y, normalmente, poco práctica.

2. ¿EDUCAS O ENSEÑAS?

Heredera del obsoleto «¿Estudias o trabajas?» (¿Alguien ha dicho eso en los últimos diez años sin resultar ridículo?) es la nueva pregunta que nos persigue a los docentes. No importa dónde te escondas ni lo que contestes, el dilema vuelve a ti como un *boomerang* una y otra vez. Hace poco, en un grupo de amigos donde había amigos de esos amigos y amigos de los amigos de mis amigos, es decir, en medio de un montón de gente a la que no conocía de nada, surgió el tema. Y el festival de opiniones:

—Es que no lo entiendo. Con la de horas que pasan los profesores en el instituto y no les enseñan nada importante. Su obligación es educarlos.

—Bueno, no. Eso tampoco.

—¿Cómo que no?

—Educados ya tienen que venir de casa.

—¿Y si no lo están?

—A mi hijo solo lo educo yo.

—Pero el instituto está para eso.

—El instituto enseña.

—El instituto educa.

—No estoy de acuerdo.

—¿Con qué? ¿Con que enseña o con que educa?

—No estoy de acuerdo y punto. En general.

—Cojonudo.

Nadie se pone de acuerdo en qué se supone que debemos hacer en clase y lo mejor es que, optemos por lo que optemos, da la sensación de que siempre lo hiciéramos mal:

- Opción A: educamos. Nos interesamos por abordar en el aula temas como la convivencia, la igualdad, el respeto... Trabajamos problemas como la misoginia, la homofobia, el racismo, la violencia de género... Nos buscamos la vida para conciliar esos contenidos con los obligatorios de nuestras asignaturas e inventamos métodos para hablar de asuntos que son realmente complicados y que requieren una enorme implicación docente. Pues cuando lo hacemos, siempre hay alguien que nos acusa de estar adoctrinando. Porque consideran que educar en el respeto es adoctrinar. Mucho mejor dejar que insulten, discriminen y linchen a quien les parezca oportuno, dónde va a parar.
- Opción B: enseñamos. Nos centramos solo en nuestra materia y nos dedicamos a que obtengan el mayor número de conocimientos relacionado con esa asignatura, pero sin abordar cuestiones transversales que se alejen de ella. Aquí no hay quien nos acuse de adoctrinar en nada, porque no se ha demostrado que exista el adoctrinamiento del complemento indirecto, por ejemplo, pero si estalla un problema en clase, si hay un caso de acoso escolar grave, si sucede algo que afecte a la integridad física o moral de los alumnos sí que nos echarán en cara no habernos implicado, no haberlos educado y no haber hecho lo que se supone que debíamos hacer.

Así que, como cada cual tiene su opinión y cualquiera de las dos alternativas acaba en un reproche, personalmente elijo y aconsejo la opción A. Claro que hay que educar. Claro que hay que seguir creyendo en que las tizas pueden cambiar el mundo. Si no, ¿qué sentido tiene ponerse delante de la pizarra cada día? Y claro que ocurren cosas en el aula que nos demuestran que, digan lo que digan los pesados del adoctrinamiento, nuestra labor ayuda o, por lo menos, sirve. Cierto es que no podemos cambiar las cosas solos, que luego está el entorno familiar, y el entorno social, y hasta el entorno mediático, pero algo sí que hacemos cuando abordamos la educación (que no la enseñanza) en nuestras clases.

Aún recuerdo las caras de perplejidad la primera vez que, en una sesión de análisis sintáctico, pedí que mis alumnos analizaran oraciones como «Sara y su novia se van al cine» o «Lo pasé muy bien en la boda de Juan y Roberto». Algún padre se quejó (siempre los hay), pero esa queja fue una anécdota sin importancia al lado de los alumnos que, gracias a pequeñeces como esa, se atrevieron a empezar a romper sus propios armarios y a dar el paso de hablar conmigo y con el departamento de Orientación para atreverse a definir su propia identidad. Las quejas las he olvidado y a fecha de hoy son anécdotas; el cariño de esos alumnos y de muchas de sus familias, no.

No siempre es fácil abordar según qué temas, pero sí es necesario. Y si he aprendido algo de mis compañeros, de los que de verdad me han marcado en estos años, de los que se dejan la piel en el aula, es que merece la pena hacerlo. Porque en unos años dudo que recuerden la biografía de Moratín (es más, espero que olviden que, por culpa de la Selectividad, les obligué a leerlo), pero sí confío en que recuerden los valores —igualdad, diversidad, respeto— que formaban parte de cuanto hacíamos y vivíamos juntos en el aula.

3.
DICCIONARIO ESCOLAR III. LO QUE *NUNCA* DICEN LOS PADRES

En todas las visitas de padres hay unas cuantas frases que nunca fallan. Estas son solo algunas de esas citas que, por su frecuencia, parece que estuvieran guionizadas...

La súplica colectiva:

☞ *«Hemos estudiado mucho»*

Llegado cierto momento, a los padres les da igual que su hijo tenga o no la más remota idea de Biología, de Música o de Matemáticas. Lo único que saben es que llevan un año haciendo 3.º de la ESO, que les queda un 4.º por delante y que o consiguen que aprobemos a su retoño o se ven también estudiando durante el verano. Hay plurales que nos rompen el corazón a los profesores y este, por pura empatía, es uno de ellos...

La queja universal:

☞ *«No me cuenta nada»*

A esta frase se le responde siempre con «Es una edad difícil» o algún otro comentario parecido que no aporta nada en absoluto pero deja a los padres un poco más tranquilos. Algo así como *mal de muchos, consuelo de padres*, porque eso de pensar que son los únicos que no consiguen que sus hijos les cuenten lo que hacen les desazona mucho. A los hijos, a su vez, les suele poner de mala leche el interrogatorio cotidiano que, para colmo, les hacen varias personas de su entorno en diferentes momentos y formatos: «qué tal el insti», «qué has hecho hoy en el insti», «tienes algo para mañana del insti»... Preguntas formuladas por su madre, por su padre, por su abuela y, si se descuidan, hasta por el vecino del 6º derecha.

La queja conyugal:

☞ *«Si es lo que yo le digo a su padre / a su madre»*

La idea es dejar bien claro que el error, si lo hay, no es propio. Tú le dices que su hijo se esfuerza poco y él o ella le echa la culpa al otro él o a la otra ella. «Si es lo que yo le digo...», frase que suele ir acompañada de un movimiento reprobatorio de cabeza y, en casos extremos, de un aparatoso cruzar de brazos. Tampoco ayuda a nada, pero tiene un punto de catarsis de pareja que debe de sentarles fenomenal.

La duda doméstica:

☞ *«En casa se lo sabía»*

¿Y si en casa se lo sabía tan bien cómo es posible que en el examen no? La culpa es de la pregunta, que estaba mal formulada. O del profesor, que le pone nervioso. O del mundo, que está en contra de lo muchísimo que estudia su hijo. Da igual que le expliques que a lo mejor en casa se sabía la teoría pero le fallaba la práctica, o que quizá tiene problemas para desarrollar un tema, o que la respuesta de su hijo no se ajustaba a lo que se le pedía exactamente. Todo eso da lo mismo porque «en casa SÍ se lo sabía». Y punto.

La gran pregunta:

«Y entonces, ¿para aprobar qué tiene que hacer?»

Una vez que los padres asumen que no van a conseguir el soñado aprobado ni siquiera llorando, viene la siguiente fase: la petición de la receta o fórmula secreta para que ese aprobado se haga efectivo de una vez. Puedes intentar convencerles de que su hijo ya lo sabe, pero no te creerán, así que lo mejor es darles un buen listado de tareas, deberes, contenidos y conceptos donde quede claro qué deben estudiar (ellos y su hijo) para el próximo examen.

La típica paradoja:

«No te creas que soy la típica madre / el típico padre, pero mi hijo / hija es muy especial»

Cuando un padre te dice que no es el *típico* padre, tiembla. Es como los del «yo no soy machista, pero...», que —como bien sabemos— acaban siendo más machistas que nadie. Pues los padres que empiezan advirtiéndote de que «no son los típicos padres» piensan que sus hijos son siempre Einstein, o Mozart, o Madame Curie, o Virginia Woolf, pero no porque ellos los idealicen, sino porque —objetiva y científicamente— son muy especiales. Y si tú no lo ves, es tu problema. Faltaría más.

La petición al por mayor:

«Yo creo que lo que necesita es que le deis unas técnicas de estudio»

Cuarto y mitad de subrayado, tres medios de esquema de llaves y un kilo de cuadro sinóptico. Por ejemplo.

El consejo desinteresado:

☞ *«No soy experto en la materia, pero esta clase habría que darla de otro modo»*

Da igual que pidas opinión o no, siempre hay alguien que está dispuesto a dártela. A mí me gustaría ir por el mundo diciendo a todo el mundo cómo quiero que hagan su trabajo, pero salvo que me pregunten y domine la materia, no me atrevo. En esto de la enseñanza todo es opinable, debatible y hasta, si se tercia, votable. El «no experto», además, es el que más opina. No falla.

La agenda sobrecargada:

☞ *«No puede: tiene fútbol / música / ballet / inglés / coreano / ukelele...»*

Los alumnos de la ESO son pequeños genios renacentistas. Si en el futuro no tenemos un país hipermoderno, hiperculto, hiperpolíglota e hiperatlético es porque algo extraño habrá sucedido con esta generación que tiene todo tipo de actividades extraescolares cada tarde en un alarde de formación múltiple y continua. Y luego hay quien se pregunta por qué cuando llegan a Bachillerato abandonan prácticamente todas las actividades que llevaban arrastrando, perdón, practicando desde la ESO...

La consulta burocrática:

☞ *«¿Cuándo empieza la matriculación?»*

Y lo malo no es solo que te lo preguntan los padres de tus alumnos. Ni que la información esté puesta bien claro en la secretaría del centro. No, lo peor es cuando te pregunta algún amigo que acaba de tener un bebé (sí, esto también es real) y te consulta cómo puede conseguir plaza para que, en cosa de diez años, su hijo se pueda matricular en tu centro, que le han dicho «que tiene buena fama», para hacer la ESO. De acuerdo que el tema de las plazas no está fácil, pero un poco de serenidad nos vendría muy bien a todos.

La disculpa infantil:

☞ *«Son cosas de críos»*

Una de esas frases que deberían estar prohibidas y con la que se justifican cuestiones que, en realidad, no deberían justificarse. Que ha pintado un *maricón* en la pared del insti, «son cosas de críos». Que se ha pegado con alguien en el patio, «son cosas de críos». Que ha llamado *puta* a una compañera, «son cosas de críos». En estos casos, donde se pone de relieve la homofobia, la misoginia, la xenofobia o el racismo que debemos erradicar de las aulas si queremos erradicarlo también de la sociedad, lo realmente difícil es que no hay que educar solo al hijo, sino también al padre.

La reivindicación decimal:

☞ *«En este centro se puntúa muy bajo»*

Esta es una de las frases favoritas de los representantes de padres en todo Consejo Escolar que se precie. Da igual cuál sea la nota media del instituto, que siempre se dirá que puntúa bajo, que se perjudica a los alumnos, que en otros centros dan notas mejores y que los profesores son muy tacaños con las décimas. Y sí, hay algunos que parece que cobraran más cuanto más bajas son sus calificaciones, pero salvo ellos, la mayoría suele ser bastante más accesible. Y, sobre todo, humana.

El gran dilema:

☞ *«Entonces, ¿en qué falla?»*

Es otra pregunta temible, porque suele venir después de que tú les hayas dicho que «Es buena persona», «Se porta bien» y «Se esfuerza, pero no llega». Con semejante trilogía de afirmaciones la cuestión es más que obvia: ¿y entonces donde está el motivo por el que suspende? A veces puedes responder (falla en alguna destreza que debe mejorar, como la comprensión lectora, el cálculo o la escritura) y a veces tienes que elegir entre inventarte algo o ser sincero (falla en que al pobre alumno le ha tocado un cafre que disfruta suspendiendo al 80 % de la clase, por ejemplo).

PARTE VI

EVALUACIÓN FINAL

ENTONCES, ¿POR QUÉ NOS GUSTA SER PROFES?

Nos hacemos la pregunta a menudo y no siempre es fácil encontrar la respuesta.

¿Por qué nos gusta dar clase?

¿Qué tiene el aula para ser, a pesar de todo, tan adictiva?

A veces dudas. O te pueden las dificultades y no sabes qué contestarte a ti mismo perdido entre los continuos recortes, la escasa valoración social, los desplantes de la Administración, las continuas críticas a nuestro trabajo y hasta esos compañeros que no te lo ponen fácil en tu día a día. Pero entonces piensas en algo tan sencillo, y tan cotidiano, como esos alumnos que tuviste hace tiempo y que, aunque te hagan sentir mucho mayor cuando te los encuentras, te dicen que tienen buen recuerdo de ti. Que incluso les influiste en lo que decidieron estudiar después y que se acuerdan de ti más a menudo de lo que tú creías. No pasa siempre, ni con todos, pero cuando sucede es algo especial y no todos los trabajos tienen la suerte de que, con el tiempo, alguien te reconozca lo que hiciste. Y sí, tampoco nos oponemos a que nos lo reconozcan en el sueldo y en las condiciones, pero lo único positivo de los salvajes recortes que hemos sufrido en las aulas con la excusa de la crisis es que ha resurgido el concepto de comunidad educativa y ha habido un mayor acercamiento entre familias, alumnos y profesores. Tampoco es que vayamos a salir agarrados de la mano a cantar temas gospel juntos por las calles, pero sí que hay una mejor sintonía y una sensación de que lo mejor es pelear juntos.

Y la pelea tiene sentido porque, aunque nos agote vernos obligados a contar año tras año lo mismo (los contenidos, con o sin pizarra digital, siguen siendo idénticos en su mayoría), aunque tengamos demasiados alumnos por aula, aunque nos pasemos la vida corrigiendo trabajos, cuadernos y exámenes, aunque todo eso no se vea o se vea solo a quienes no lo hacen, al final sabemos que ellos, nuestros alumnos, sí merecen la pena. Y nos reímos en clase con sus ocurrencias y fuera de clase con su espontaneidad. Y algunos acaban siendo amigos con el paso de los años. Y a otros se les toma cariño porque son curiosos, o porque son cariñosos, o porque son unos trastos pero nos hacen gracia. También están los que te parten un poco el corazón porque te obligan a conocer vidas que en tu cómoda burbuja no has visto antes. Y te das de bruces con casos de abusos, de malos tratos, de violencia real y cotidiana. Situaciones que te obligan a posicionarte y que, a veces, te conducen a estados de rabia e impotencia difíciles de explicar, porque tú quieres solucionar algo en lo que, por desgracia, solo puedes aportar una mínima ayuda, insuficiente a todas luces pero necesaria de igual modo. Eso debería desgastarnos, minarnos el ánimo, pero solo consigue darnos más fuerzas para seguir peleando por unas condiciones dignas en las aulas, porque somos conscientes de que solo la educación puede acabar rompiendo esas cadenas. Derribando esos muros.

No se puede ser buen profesor sin ser un poco utópico. Un poco soñador. Un poco loco. Al menos, no conozco a ningún compañero al que admire (y he tenido la suerte de dar con unos cuantos) que no cumpla todos esos requisitos. Porque empuñar una tiza exige creerse que tiene sentido hacerlo, que más allá del libro de texto, de las pruebas externas, de los estándares de aprendizaje (que seguimos sin saber lo que son: a ver si mandan a alguien desde Finlandia para que nos lo explique) y de las reformas que vengan o dejen de venir, la tiza sigue siendo un arma poderosa para dibujar otra realidad. Otro mañana. Un lugar en el que merezca la pena vivir y donde esos adolescentes encuentren el yo que quieren ser.

Por eso seguimos ahí, soportando claustros interminables, juntas de evaluación erráticas, visitas de padres en las que no sabemos qué decir o interminables horas de guardia cual seguratas educativos... Por eso continuamos en pie (o sentados, sobre todo cuando entra el jefe de estudios en el aula, que no sé cómo lo hace pero siempre nos pilla derrumbados en la silla), ejerciendo de comunicadores que necesitan creer en lo que hacen aunque a veces la realidad no lo ponga fácil. Porque quizá la realidad finlandesa sea más llevadera, pero la nuestra tiene aspectos bastante complicados. Aristas que exigen compromiso, autocrítica, trabajo y, por qué no, sentido del humor.

Quizá el primer paso sea aprender a decir lo que nos pasa en voz alta para que, de verdad, nos riamos todos. Y decidir, mientras nos reímos de lo que no funciona, qué hacer —entre todos— para que empiece a funcionar.

AGRADECIMIENTOS

Solo se puede hablar con humor de algo que realmente nos apasiona. Y las aulas, en mi caso, han supuesto en mi vida un absoluto enamoramiento en estos años. A quienes he conocido en ellas: gracias.

Gracias a mis alumnos, a esos adolescentes que me parecen a menudo mucho más que la mayoría de los adultos que me rodean, porque si alguien aprende en mis clases soy yo. A mis compañeros y, sobre todo, a mis compañeras, porque las mujeres son las grandes protagonistas de la educación. A los padres de algunos alumnos que siempre han tenido una palabra de ánimo cuando creían que algo se estaba haciendo bien. Y a los docentes que ahora conozco cuando me invitan a sus centros a hablar de mis novelas con sus alumnos, profesionales que no dejan de sorprenderme por la pasión que ponen en fomentar la lectura en sus clases. Ellos —y gente como ellos— hacen que la educación funcione y de todos hay algo en este libro.

Y gracias una vez más a Espasa y a su equipo editorial por permitirme abordar, desde la ironía, cuestiones que me inquietan, como la importancia de la educación, el exceso de deberes, la falta de creatividad o la necesidad de motivar y no de imponer. Gracias a mi editora, Pilar Cortés, por guiarme en la escritura de esta obra con tanto acierto, a Albert Monteys por completarlo con sus punzantes ilustraciones (no puedo mirar su galería de alumnos y profesores sin dejar de ponerles nombres propios, lo confieso...), a María Jesús Gutiérrez, porque es un lujo que su diseño vista mis palabras, y a mi querida Miryam Galaz por animarme a atreverme con este abigarrado retrato escolar.

Pero, sobre todo, gracias a ti por haberte asomado a estas páginas. Por animarte a regresar conmigo al instituto y volver a esas aulas que, admitámoslo, tienen siempre la culpa de que seamos como somos...

Nos vemos en la próxima clase. En cuanto suene el timbre.

Fernando J. López
Abril, 2016